Gesine Schmidt **Jüdisches Leben in Lissa / Leszno**

Gesine Schmidt

Jüdisches Leben in Lissa/Leszno

Das Schicksal der Familien Metz und Sachs aus der Provinz Posen

Gedruckt mit freundlicher Unterstützung
der Stiftung Irène Bollag-Herzheimer

Die Deutsche Nationalbibliothek verzeichnet diese Publikation in der Deutschen Nationalbibliografie; detaillierte Daten sind im Internet über https://portal.dnb.de/ abrufbar.

Inh. Dr. Nora Pester
Haus des Buches
Gerichtsweg 28
04103 Leipzig
info@hentrichhentrich.de
http://www.hentrichhentrich.de

Umschlag: Michaela Weber, Leipzig
Korrektorat: Constanze Thielen
Gestaltung: Gudrun Hommers
Gesamtherstellung: Thomas Schneider, Jesewitz
Druck: Winterwork, Borsdorf

1. Auflage 2018

Printed in Germany
ISBN 978-3-95565-296-8

Inhalt

Einleitung

Fragen

Über Juden in Deutschland und ihre Beziehungen zur nicht-jüdischen Umwelt ist schon viel geschrieben worden. Außer dem biographischen Hintergrund, den familiären Beziehungen, sind es vor allem folgende, auch aktuelle Fragen, die mich zu dieser Recherche bewogen haben: Was sind die berechtigten Forderungen einer Mehrheitsgesellschaft gegenüber ethnischen und religiösen Minderheiten nach Integration, um ein friedliches Miteinander in der Gesellschaft zu ermöglichen, und wo schlagen diese Forderungen in Unterdrückung um, weil sie Vielfalt und Differenz nicht zulassen wollen? Welche Voraussetzungen braucht es auf beiden Seiten, damit ein Miteinander entsteht, das für beide Seiten eine positive Entwicklung möglich macht? Diese Frage ist angesichts der vielen Flüchtlinge aus aller Welt in Europa aktuell und brisant.

Der Nationalismus hat stets von einer homogenisierten Gesellschaft geträumt: ohne nationale, ethnische, religiöse und kulturelle Konflikte. Aber eine solche homogenisierte Gesellschaft kann nur durch Unterdrückung und Zwang entstehen. Statt eine vollständige Assimilation anzustreben, die letztlich auf der Auslöschung der Besonderheiten einer ethnischen oder religiösen Minderheit beruht, wird heute im positiven Sinne von einer anzustrebenden Akkulturation gesprochen, bei der beide

Seiten, Mehrheitsgesellschaft und Minderheiten, voneinander lernen. Man muss das Recht auf Anderssein anerkennen, aber auf der Basis, dass wirklich alle Bürger die Menschen- und Verfassungsrechte respektieren und sich nicht aus den Minderheiten Parallelgesellschaften etablieren, die diese demokratischen Errungenschaften negieren oder sogar radikal bekämpfen, wie wir es heute bei den islamistischen Gruppierungen sehen.

Die Notwendigkeit einer Aufklärungsbewegung innerhalb des Islam ist ein ganz aktuelles Thema. Für mich war es in diesem Kontext interessant zu studieren, welche große Bedeutung ab dem 18. Jahrhundert die jüdische Aufklärung, die Haskala, für die Weiterentwicklung der jüdischen Religion in dem von mir untersuchten Zeitabschnitt hatte. Zugleich wachsen heute in ganz Europa erneut wieder radikale nationalistische Vorstellungen und Gruppierungen, die alles Fremde als feindlich bekämpfen. Das Austarieren unterschiedlicher Interessenlagen und Wertvorstellungen zwischen Mehrheitsgesellschaft und Minderheiten wird in einer Demokratie immer kompliziert sein und ich finde es deshalb wichtig, die entsprechenden historischen Erfahrungen zu studieren.

Die Geschichte der Juden in Deutschland ist in der Vergangenheit häufig so dargestellt worden, als hätte sie zwangsläufig in eine Entwicklung zum Holocaust führen müssen. Tatsächlich aber waren die Juden nach der 1848er Revolution, die ihnen eine weitreichende, wenn auch nicht vollständige, rechtliche Gleichstellung in Deutschland brachte, und im Kaiserreich bis zum Ersten Weltkrieg weitgehend integriert. Es gab in vielen Bereichen dieses gegenseitige Voneinander-Lernen, vor allem im kulturellen, wissenschaftlichen, aber auch im politischen und wirtschaftlichen Bereich. Warum dieser gegenseitige Lernprozess nach dem Ersten Weltkrieg schrittweise und dann im Nationalsozialismus brutal abgebrochen wurde, ist immer noch ein wichtiger Untersuchungsgegenstand.

Till van Rhaden wendet sich in seiner Untersuchung über die Juden in Breslau dagegen, die Anstrengungen der deutschen Juden, ihre Gemeinden zu reformieren und anerkannter Teil der deutschen Gesellschaft zu werden, als zum Scheitern verurteiltes Bemühen zu erklären. »Gegen das zionistische Geschichtsbild vom deutschen Judentum als dem Untergang geweihter und überassimilierter Juden haben neuere Arbeiten betont, daß die deutschen Juden im 19. Jahrhundert zwar radikal mit der Tradition gebrochen, gleichzeitig aber eine neue und zukunftsfähige jüdische Gemeinschaft geschaffen haben. Die Geschichte des modernen Diasporajudentums, mit dem deutschen Judentum als einem paradigmatischen Fall, gilt wieder als eine Möglichkeit moderner jüdischer Existenz. [...] Eine schlichte Erfolgs- oder Untergangsgeschichte des modernen deutschen Judentums läßt sich daher heute nicht mehr schreiben.«[1] Er bemängelt deshalb auch, dass bei den Forschungen oft zwei Ansätze vorherrschen, die die komplexen Beziehungen zwischen den Juden und ihrer Umwelt auf jeweils einen Aspekt reduzieren: entweder den Antisemitismus oder die sog. deutsch-jüdische Symbiose.

Ein wichtiges Motiv für die Recherche zur Geschichte meines jüdischen Familienzweiges war es, die schwierigen deutsch-jüdischen Beziehungen, aber auch die deutsch-polnisch-jüdischen Beziehungen besser verstehen zu lernen, denn meine jüdischen Verwandten kamen ursprünglich alle aus der Provinz Posen. Deshalb habe ich auch versucht, die Lokal-, Alltags- und Kulturgeschichte, in die die Lebensläufe dieser sehr weit verzweigten Familie eingebettet waren, mit zu untersuchen. Denn erst aus der Verbindung von individueller Biographie und Kultur- und Gesellschaftsgeschichte ergibt sich ein konkretes Bild.

Im ersten Teil meiner Untersuchung stehen die Vorfahren meines jüdischen Großonkels Erich Metz väterlicher- und mütterlicherseits im Zentrum: die Familien Metz und Sachs. Sie lebten alle in der Stadt Lissa (polnisch: Leszno) in der Provinz Posen. Erich Metz selbst hat dort seine Kindheit und Jugend verbracht.

Im zweiten Teil beschreibe ich das alltägliche und das religiöse Leben der Juden in Lissa/Leszno zwischen Traditionalismus und Reformjudentum wie auch ihre ökonomischen und politischen Existenzkämpfe.

Diese wechselhafte Geschichte wird unter der immer noch aktuellen Frage diskutiert, wie ein friedliches Miteinander von Mehrheitsgesellschaft und ethnischen und religiösen Minderheiten dauerhaft gelingen kann.

Mutters Erzählungen von ihrem Lieblingsonkel

In meiner Schulzeit bekam meine Mutter regelmäßig Luftpost aus den USA, maschinengeschriebene Briefe mit dem interessanten Briefkopf: Erich Metz, 220 West, 98th Street, New York 25. Dass Straßen keine Namen haben, sondern Zahlen, faszinierte mich. Das musste ein ganz besonderes Land sein. Wir Kinder haben diese Briefe nie gelesen, sie wurden im Sekretär meiner Mutter verwahrt, aber diese Post war für meine Mutter jeweils ein Anlass, von ihrem Onkel Erich und ihrer Tante Anna zu erzählen.

Anna war die jüngste Schwester meiner Großmutter Adele aus Oppeln, die Erich Metz in Berlin kennengelernt hatte. Sie waren beide Jahrgang 1896 und so verliebt, dass sie mögliche Einwände ihrer Eltern ignorierten (er war jüdisch und sie katholisch, auf einer Klosterschule erzogen). Auf jeden Fall heirateten sie 1921 standesamtlich in Berlin ohne Eltern, obwohl bei jüdischen Familien normalerweise die Väter von Braut und Bräutigam die Trauzeugen waren. Bei ihnen waren es ein jüdischer Onkel aus Berlin und ein Freund des Paares. Erich arbeitete damals als kaufmännischer Angestellter bei Schweitzer & Oppler, Anna als Buchhalterin bei Siemens & Halske/Glühlampenwerk. Die Berufstätigkeit der Frau und der eigene Wohnsitz haben die Ehe zwischen Juden und Christen in der Weimarer Republik erleichtert, weil die Frauen durch ihre ökonomische Selbstständigkeit nicht mehr so abhängig von der Meinung der Eltern waren. Das ist statistisch nachweisbar.[2] Anna und Erich blieben

Erich Metz 1948 in New York

übrigens ihrer jeweiligen Religion treu und konvertierten beide nicht. Weder meine Großmutter Adele noch meine Mutter haben davon berichtet, dass jemand aus den beiden Eltern-Familien mit dieser Heirat später nicht einverstanden war. Vielmehr waren beide die Lieblinge der Großfamilien wegen ihrer Herzensgüte.

Anna Metz 1948 in New York

Der Altersunterschied zwischen meiner Mutter, die 1906 in Oppeln geboren wurde, und Anna und Erich Metz war durch eine Generationenverschiebung in der Familie sehr gering. Großmutter Adele war das älteste Kind, 1884 geboren, und ihre Schwester Anna wurde als jüngstes Kind von sieben Kindern erst zwölf Jahre später geboren. Der Altersunterschied von nur zehn Jahren wiederum zwischen meiner Mutter und Anna und Erich führte dazu, dass diese Beziehung auch etwas von einer Freundschaft zwischen Cousin und Cousine hatte.

Anna und Erich zogen nach ihrer Heirat nach Frankfurt am Main um, weil Erich Metz dort eine Stelle als Direktor der neuen Filiale seiner Firma bekam. Schweitzer & Oppler, ein jüdischer Großhandel für Metalle, Altmetalle und Maschinen, hatte seinen Stammsitz in Berlin und eröffnete 1922 in Frankfurt ein Zweigunternehmen, um die Stahlwerke im Westen Deutschlands zu beliefern. Meine Mutter und ihre beiden jüngeren Brüder Hans und Dieter wurden in den Ferien regelmäßig nach Frankfurt eingeladen und verbrachten dort eine wunderbare Zeit. Sie waren stellvertretende Wunschkinder, weil das Paar zu seinem Kummer keine Kinder bekommen konnte. Einige der Geschenke, die meine Mutter als Kind von den beiden bekam, waren über den Krieg gerettet worden und wurden nun von uns Kindern bestaunt: ein großer Teddybär mit langer Schnauze wie ein echter Bär. Er konnte brummen, wenn man ihn kopfüber drehte. Ein paar Schlittschuhe mit kombinierten eleganten Stiefeln aus braunem

Leder und ein schöner Ring mit grünem Stein und kleinen Brillanten ringsum, den meine Mutter zur Konfirmation von Anna und Erich bekommen hatte. Auch all die anderen Nichten und Neffen wurden von dem Paar reich beschenkt. Ein Verwandter erzählte mir kürzlich, dass er als Kind fest davon überzeugt war, dass Onkel Erich einen Spielwarenladen und eine Tierhandlung besaß, weil er ihnen so oft Spielzeug mitbrachte und eines Tages auch einen jungen Hund schenkte. Wichtiger aber als die Geschenke waren für die Nichten und Neffen die Herzlichkeit dieses Paares und seine Jugendlichkeit im Umgang mit den Kindern.

Diese Liebenswürdigkeit und Großzügigkeit hatten sich die beiden trotz aller Verfolgungen in der NS-Zeit bewahrt. Eine Emigration aus Frankfurt am Main nach New York gelang den beiden erst 1940. Weil Anna eine sog. Arierin war und die beiden in der Nazi-Sprache deshalb in einer sog. Mischehe lebten, durften sie 1940 noch legal ausreisen. Angeblich mit Umzugsgut. Ihr Umzugsgut wurde von der Frankfurter Gestapo kontrolliert und versiegelt, dann aber auf Befehl der Gestapo von der Umzugsfirma nie abgeschickt. Eine damals übliche Praxis, um den Juden noch den letzten Pfennig abzunehmen. In New York kamen sie bettelarm an, weil sie, wie es eine schikanöse Verordnung verlangte, nur 10,00 Reichsmark als Reisegeld für die lange Fahrt mitnehmen durften. Viele Jahre lebten sie in New York unter dem Existenzminimum durch Aushilfsarbeiten. Jüdische Immigranten aus Deutschland mit kaufmännischer Ausbildung gab es in New York in den 1940er Jahren mehr als genug, und wenn man schon 44 Jahre alt war und auf der Schule nur Latein und Französisch als Fremdsprachen gelernt hatte, war es schwer, seinen Lebensunterhalt zu verdienen.

Trotzdem beschenkten Anna und Erich weiterhin ihre Verwandten in Deutschland, als hätten sie nicht genug mit ihrer eigenen Existenzsicherung zu tun. Ich erinnere mich an Lebensmittelpakete in den 1940er Jahren mit süßem Kakaopulver (instant cocoa), das wir Kinder löffelweise essen durften, weil es das damals nicht bei uns gab und Schokolade rar war. In den 1950er und 1960er Jahren kamen Pakete aus den USA mit Kleidern, Röcken, Blusen, sog. Seidenstrümpfen und Handtaschen, hübsche Sachen, immer etwas anders als die Klamotten, die man in Hannover kaufen konnte, und insofern exotisch interessant für uns. Erich Metz arbeitete inzwischen als Lagerverwalter bei den »Askin Stores – Clothing for Family«, einem jüdischen Kleider-Warenhaus in New York, und hatte wohl Zugriff auf sales-Ware. Ich habe zwei Schwestern und vier Cousinen und alle erzählen noch heute davon, welche schönen Sachen sie von Onkel Erich bekommen haben. Meine jüngere Schwester trägt heute noch ein schwarzes Sommerkostüm aus einer Art Crêpe de Chine, das sie von Onkel Erich in den 1960er Jahren bekommen hat.

Gesehen haben wir Kinder Erich und Anna nie. Die beiden wollten oder konnten sich eine Reise nach Deutschland nicht leisten und auch für uns war eine solche Reise damals unerschwinglich. Als meine jüngere Schwester 1964 mit dem »Michigan Council of Churches« für ein Jahr in Michigan war, wollte sie auf ihrer Rückreise über New York das Paar besuchen. Das Treffen war schon vereinbart, doch dann wurde Tante Anna plötzlich sterbenskrank und der Besuch kam nicht zustande. Für meine Schwester wäre es unmöglich gewesen, den Platz auf dem Schiff bei dieser durchorganisierten Schülerreise aufzugeben. Tante Anna starb noch im gleichen Jahr in New York. Erst als meine ältere Schwester 1968 in Puebla/Mexiko geheiratet hat, kam ein Treffen meiner Eltern mit Erich Metz zustande. Auf ihrer Rückreise von Puebla nach Hannover machten meine Eltern in Florida Station, wo Erich inzwischen mit seiner zweiten Frau Sonia, einer Jüdin russischer Herkunft aus New York, lebte. Sonia und Erich hatten sich bei einer Reha (beide hatten Herzleiden) kennen und lieben gelernt. Beide waren verwitwet und entschieden sich bald für eine zweite Heirat. Ursprünglich wollte Erich zu seinem Bruder nach Sydney ziehen, der dorthin 1938 emigriert war. Aber dann zog er mit Sonia ins warme Florida, weil ihnen die New Yorker Winter zu kalt geworden waren.

Von dem Wiedersehen meiner Mutter mit Erich gibt es leider nur noch ein einziges sehr verwackeltes Diafoto: Meine Mutter und Sonia sitzen auf Liegestühlen unter einem Sonnenschirm irgendwo in Florida und genießen die Wärme. Dieses Dia hat vor ein paar Jahren zu einer Identifikation gedient. In der Entschädigungsakte von Erich Metz gibt es ein Dokument, das besagt, dass die ihm eigentlich zustehende Entschädigung für ein Haus in Breslau schließlich 1982 (!) posthum seinen drei »angeheirateten«

Sonia und Erich Metz 1967 in Florida

Töchtern ausgezahlt wurde. Diese Töchter stammen aus der ersten Ehe von Sonia mit David Palace. Erich und Sonia kamen nicht mehr in den Genuss dieser Zahlung: er war bereits 1971 an seinem Herzleiden gestorben, sie 1973. Die Mühlen der Entschädigungsämter arbeiteten mit Bedacht immer besonders langsam. Die Adressen der drei Töchter Elaine, Sandra und Lynne von 1982 stimmten natürlich nicht mehr und so habe ich mit Hilfe von Jewish Gen Org versucht sie zu ermitteln. Die freundliche Mitarbeiterin dieser Organisation fand die aktuellen Adressen mit Hilfe von Daten über die Grundsteuer-Zahlungen (!) der drei Töchter heraus. Alles frei zugänglich im Netz, das fand ich schon damals, vor dem NSA-Skandal, sehr merkwürdig. In den USA kann man über die »white pages« auch frei zugänglich im Internet erfahren, ob eine gesuchte Person Schulden hat oder ein Sittlichkeitsverbrechen begangen hat. Schließlich kam es zu einem brieflichen Kontakt mit diesen drei angeheirateten Töchtern von Erich und das Dia von 1968 aus Florida diente zur Identifikation unserer Mütter Gisela und Sonia. Das war der Beginn unserer wunderbaren Freundschaft mit Sandra/Sandy und ihrem Mann Stuart/Stu, die heute in Phoenix/Arizona leben. Schnell gab es gegenseitige Besuche in Arizona und Deutschland.

Über die tragischen Seiten im Leben von Onkel Erich und seiner Verwandtschaft hat meine Mutter nicht gesprochen. Wir bekamen von meinen Eltern zwar sehr früh das Tagebuch der Anne Frank zum Lesen, aber es wurde keine Verbindungslinie von Anne Frank zum Leben von Erich und Anna gezogen, als wären das ganz verschiedene Welten. Dabei hatten alle drei zur gleichen Zeit in Frankfurt am Main gelebt. Wir Kinder haben auch nie weiter nachgefragt. Auch als wir auf Anweisung der britischen Besatzungsmacht 1956 klassenweise in den Film »Nacht und Nebel« von Alain Resnais in ein Hannoveraner Kino gingen und ganz verstört nach Hause kamen, weil das, was wir sahen, so unbegreiflich grausam war, sahen wir Kinder keinen Zusammenhang zum Schicksal von Erich Metz. Es hätte ja nahe gelegen zu fragen, was denn aus seinen Verwandten, die nicht emigrieren konnten, geworden ist. Meine Mutter war vermutlich froh, dass wir nicht gefragt haben. Wenn die Kinder klein sind, will man sie nicht mit den Schrecklichkeiten der NS-Zeit belasten, vor allem die eigene Schuldfrage nicht berühren, und wenn man dann sehr lange geschwiegen hat, fällt das Reden noch schwerer, weil der Zeitpunkt verpasst wurde. Außerdem war es Zeitgeist, diese Dinge zu beschweigen.

Unsere Lehrer, mit denen wir gemeinsam den Film »Nacht und Nebel« ansahen, wir waren erst 12 oder 13 Jahre alt, haben weder vor noch nach der Vorstellung mit uns über den Film gesprochen. Der Nationalsozialismus und die Verfolgung der Juden waren bis zu meinem Abitur Ostern 1964 niemals Gegenstand des Unterrichts. Ebenso wenig wurde von unseren Lehrern ein Wort darüber verloren, dass nur fünf Minuten von unserer Sophienschule entfernt ein jüdisches Krankenhaus war – das Gebäude steht heute noch –, das von den Nazis ab 1941 als Sammelstelle für Massendeportationen nach Riga und Auschwitz umfunktioniert wurde. Danach wurde es zu einer Entbindungsklinik, in der auch meine jüngere Schwester 1947 geboren wurde. In den Nachkriegsjahren war, von Ausnahmen abgesehen, die »Unfähigkeit zu trauern« vorherrschend. So fand das

Allensbacher Institut bei einer Umfrage 1946 in Westdeutschland heraus, dass die Deutschen bereits 1946 (!) mehrheitlich der Meinung waren, dass man jetzt »genug Vergangenheitsbewältigung« betrieben habe, damit müsse nun »endlich Schluss« sein.

Heute finde ich es jedoch besonders unverständlich, dass es mir auch in meiner Studienzeit ab 1964, in der ich mich viel mit der NS-Zeit beschäftigt habe, nicht in den Sinn kam, die noch lebenden Zeitzeugen über das Schicksal der Familie Metz zu befragen: meine Mutter, meine Großmutter, meine beiden Onkel mütterlicherseits und – bis 1971 – Erich Metz selbst, dem ich hätte schreiben können. Zwei Dinge mögen dabei eine Rolle gespielt haben. Erstens waren die Auseinandersetzungen mit dem Nationalsozialismus in der Studentenbewegung sehr theorielastig und nicht auf konkrete Recherche bezogen, da Empirie leider überhaupt keine große Rolle spielte. Zweitens haben die Erzählungen meiner Mutter über Anna und Erich bei uns Kindern so sehr den Eindruck einer heilen Welt hervorgerufen, dass wir uns über deren gelungene Emigration in die USA freuten, aber über die Verwandten, die nicht emigrieren konnten, gar nicht nachgedacht haben.

Meine älteren Cousinen haben mir auch erst vor ein paar Jahren Ereignisse aus der NS-Zeit berichtet, die zu meiner Kinderzeit nie Thema bei Großfamilientreffen waren. So hat meine Großtante Martha, eine andere Schwester meiner Großmutter Adele, die in Berlin in der Kantstraße wohnte, dort auf dem Dachboden flüchtige Juden zeitweise versteckt. Sie war eine in Paris ausgebildete Hut- und Modemacherin und fertigte u.a. für die UFA Filmhüte an. Dabei hat sie einen jüdischen Filmemacher kennen und lieben gelernt, der jedoch verheiratet war und sich dann nicht von seiner Frau trennen wollte. Durch diese langjährige Liaison hatte sie auch jüdische Freunde, denen sie in der Not half.

Meine Cousine Ingrid berichte mir erst neulich, dass ihr Vater Dieter im Garten seiner Schwiegereltern in einem Dorf im Erzgebirge das Silberbesteck von Anna und Erich vergraben hat, als am 03.12.1938 die Verordnung herauskam, dass die Juden alle Edelmetalle abzuliefern hatten. Und meine Cousine Dorothea erzählte mir erst vor Kurzem, dass ihr Vater Hans, der als Soldat in Kielce/Polen während des Krieges stationiert war,

Kinder deutscher Juden illegal aus Lodz herausgebracht und in katholischen Klöstern im Riesengebirge versteckt hat. Ihr Vater sei, den Heimaturlaub nutzend, nachts mehrfach mit einem Auto, in dem jeweils zwei kleine Kinder versteckt waren, nach Breslau gekommen, wo die Familie damals mit drei Kindern wohnte. Eingeweihte Wehrmachtskameraden seien dabei gewesen. Am nächsten Morgen fuhr ihr Vater dann mit meiner damals acht Jahre alten Cousine und den anderen Kindern mit dem Zug ins Riesengebirge. Dorothea sollte bei einer eventuellen Kontrolle als Beglaubigung dafür dienen, dass hier ein Vater einen ganz normalen Familienausflug mit seinen drei kleinen Kindern macht. Kinder seien damals nur auf dem Personalausweis der Eltern eingetragen gewesen und so hätte er bei einer Kontrolle die beiden jüdischen Kinder auch als seine eigenen ausgeben können, weil das Alter und das Geschlecht passte. Dorothea erinnert sich noch genau an die großen weißen Hauben der Nonnen, die die jüdischen Kinder im Kloster in Empfang nahmen. Was das für Kinder waren, die ins Kloster gebracht wurden, hat man ihr damals natürlich nicht erzählt.

Das ist ihre heutige Interpretation, weil alles so geheimnisvoll und klandestin war. Nach dem Krieg habe ihr Vater nie mehr darüber gesprochen und sie habe auch nicht danach gefragt. Ich habe versucht, diese Rettungsgeschichte zu recherchieren. Man hat tatsächlich jüdische Kinder in Klöstern des Riesengebirges versteckt und so gerettet. Ob mein Onkel Hans, im zivilen Leben Amtsrichter in Breslau, so mutig war und das Risiko einging, selbst im KZ zu landen und auch seine Familie zu gefährden, konnte ich jedoch nicht durch Dokumente verifizieren. Eine andere Erklärung wäre, da die Erinnerungen meiner Cousine sehr konkret sind, dass diese Kinder nicht jüdische deutsche Kinder waren, sondern sog. volksdeutsche aus Lodz, die die Eltern in Sicherheit bringen wollten. Auch das wäre schon illegal gewesen.

Meine Mutter, die eine leidenschaftliche Tagebuchschreiberin war, hat uns vier dicke Tagebücher aus den Jahren 1943 bis 1955 hinterlassen. Sie wurden für ihre drei Kinder geschrieben und erzählen nicht nur vom Wachsen und Gedeihen ihrer drei Kinder, sondern auch sehr anschaulich über den Krieg, die Flucht aus Oppeln, den Hunger und die Wirren der

Nachkriegszeit. Erich und Anna kommen darin allerdings nicht vor. Auch die vielen Briefe von Erich Metz hat sie uns Kindern nicht hinterlassen, was ich sehr bedaure, weil er ein begeisterter Briefschreiber mit literarischen Ambitionen war. So erzählte uns Sandy aus Arizona, seine angeheiratete Tochter, dass er um ihre Mutter Sonia in New York mit selbst verfassten Liebesgedichten geworben habe – auf Englisch, das er inzwischen sehr gut beherrschte. Wenn wir unsere Mutter rechtzeitig darum gebeten hätten, hätte sie uns die Briefe von Erich gegeben. Aber wir haben seinerzeit nicht einmal an so etwas gedacht.

Katja Petrowskaja beschreibt in »Vielleicht Esther« die Situation, dass wir oft erst zu fragen beginnen, wenn die Zeitzeugen schon tot sind: »Als Lida, die ältere Schwester meiner Mutter, starb, habe ich begriffen, was das Wort Geschichte bedeutet. Mein Verlangen zu wissen war reif, ich war bereit gewesen, mich den Windmühlen der Erinnerung zu stellen, und dann ist sie gestorben. Ich stand da mit angehaltenem Atem, bereit zu fragen, und so bin ich stehen geblieben, und wäre es ein Comic gewesen, wäre meine Sprechblase leer. Geschichte ist, wenn es plötzlich keine Menschen mehr gibt, die man fragen kann, sondern nur noch Quellen. Ich hatte niemanden mehr, den ich hätte fragen können, der sich an diese Zeiten noch erinnern konnte. Was mir blieb: Erinnerungsfetzen, zweifelhafte Notizen und Dokumente in fernen Archiven. Statt rechtzeitig Fragen zu stellen, hatte ich mich am Wort Geschichte verschluckt.«[3]

Die Recherche: Wo hinterlässt ein normaler Mensch Lebensspuren?

Als ich mich vor einiger Zeit entschlossen habe, die Biographie von Erich Metz und seiner Familie zu erforschen, kannte ich nur Bruchstücke seines Lebens aus Mutters Erzählungen. Ich wusste nicht einmal, wo er geboren war. Mein verstorbener Onkel Dieter hatte einmal recht allgemein von einem jüngeren Bruder Erichs und weiterer Verwandtschaft in Breslau erzählt, ohne Namen und Adressen. Am interessantesten wären Briefe und Tagebücher gewesen, aber nichts davon war überliefert, obwohl Erich Metz ein leidenschaftlicher Briefeschreiber war. Davon zeugen die vielen Briefe an meine Mutter und an ihre beiden Brüder – seine Nichte und Neffen – von denen auch meine Cousinen berichten. Niemand hat sie für die nächste Generation aufgehoben, aber auch niemand hat sie darum gebeten.

Da Anna und Erich von 1922 bis 1940 in Frankfurt am Main gelebt hatten, schrieb ich als erstes das Hauptstaatsarchiv in Wiesbaden an, das auch die Entschädigungsakten der Verfolgten des Naziregimes verwahrt. Der Antwortbrief war ermutigend: Es gibt Entschädigungsakten von beiden mit mehr als 700 Blatt, allerdings nicht alle aussagekräftig.

Durch das Studium dieser Akten stieß ich auf wichtige Spuren. Geburtsort von Erich: Lissa in der preußischen Provinz Posen, damals Deutsch, ab 1920 durch den Versailler Vertrag wieder ein Teil Polens, auf Polnisch Leszno. Von Lissa/Leszno, immerhin eine Stadt mit heute über 64.000 Einwohnern im westlichen Teil Polens – ca. 70 Kilometer von Posen und ebenso weit von Breslau entfernt – hatte ich noch nie vorher gehört. Ich erfuhr die Namen, Geburts- und Wohnorte seiner Eltern. Der Vater: Adolf Abraham Metz. Diese Namens-Kombination verwirrte mich. Ausgerechnet Adolf. Aber 1865, als Adolf in Lissa geboren wurde, war das ein ganz normaler, noch nicht vergifteter Name. Später hat mir Sandy aus Phoenix erzählt, dass die jüdischen Kinder von in der Diaspora lebenden Juden oft zwei Vornamen bekamen: einen jüdischen und einen, der sich der nichtjüdischen Umwelt anpasste. Erichs Mutter: Johanna, geborene Sachs, ebenfalls aus Lissa. Sie hatte keine zweiten Vornamen.

Diese beiden Akten gaben mir auch einen ersten Einblick in die Abgründe der Entschädigungsverfahren nach dem Krieg, als Juden und andere Verfolgte sich darum bemühten, meist vom Ausland aus, in das sie emigriert waren, Entschädigung für erlittenes Unrecht in der NS-Zeit zu bekommen. In der Regel wurden alle Anträge von den Entschädigungsämtern erst einmal als unbegründet abgelehnt und es wurden »Beweise« verlangt, die die Menschen, die buchstäblich alles verloren hatten, auch ihre Dokumente, schwer oder gar nicht erbringen konnten. Nur wenn sie sich nach der Ablehnung ihres Antrages zu einer Klage gegen die Bundesrepublik Deutschland entschlossen, was vom Ausland aus und wenn man verarmt war, naturgemäß besonders schwierig war, gab es eine Chance. In dem dann stattfindenden Prozess vor einer Entschädigungskammer konnten dann neue Beweismittel und Zeugen für die Berechtigung einer Entschädigung eingebracht werden. Manchmal wurde in einem solchen Prozess auch das ganze Leben des Antragstellers aufgeblättert. Insofern findet man in diesen Entschädigungsakten oft berührende biographische Zeugnisse, auch wenn man sich zugleich dafür schämen muss, wie die Behörden meist mit den Antragstellern umgegangen sind.

Wo hinterlässt ein sog. Normalbürger, der nicht Schriftsteller, Journalist, Wissenschaftler oder Politiker war, auch keine Celebrity, über den die

Presse berichtet, Spuren? Die Archive in Polen und Deutschland: zentrale Archive, Landesarchive, Stadtarchive und auch Standesämter waren zunächst die wichtigsten Quellen. Ich arbeite gerne in Archiven. Die Archivare freuen sich immer, wenn man sie vor schwierige Fragen stellt, und die Atmosphäre in den Archivsälen ist voll gespannter Ruhe. Im Geheimen Staatsarchiv Preußischer Kulturbesitz in Dahlem bekam ich sogar weiße Baumwollhandschuhe und ein Sandsäckchen zum Beschweren der Seiten, um die alten, schon braun gewordenen Akten, die leicht beim Blättern zerbröseln, zu schonen. Wenn man nicht aufpassen würde, lägen auf dem Arbeitstisch und darunter lauter braune Papierschnitzel.

Welche Hilfsmittel gibt es heute, um das Schicksal von Juden aufzuklären, die in der NS-Zeit in Deutschland gelebt haben? Auch darüber wusste ich zu Beginn meiner Recherche nichts.

Das Bundesarchiv in Berlin arbeitet an einer sog. Residentenliste, die die wichtigsten Lebensdaten aller Juden, die zwischen 1933 und 1945 in Deutschland wohnten, enthalten soll. Wichtig dafür sind auch die Daten der Volkszählung vom 17. Mai 1939, die ab Januar 1942 in der Hand des Reichssippenamtes der SS waren, und in der folgende Fragen beantwortet werden mussten: Name, Geburtsdatum und -ort, Adresse, Abstammung im Sinne der Nürnberger Rassegesetze von 1935. Bei »Abstammung« steht etwa *JJJJ*, d.h. vier jüdische Großeltern, oder *JJNN*, d.h. zwei jüdische Großeltern/zwei nicht-jüdische oder *NNNN*, d.h. alles »Nicht«-Juden. Wegen der Diskriminierung als »Voll«-, »Halb«- oder »Viertel«-Jude bemühte man sich in der Mehrheitsgesellschaft ab 1938 so eifrig darum, einen sog. Ariernachweis zu bekommen. Christlich getaufte Juden galten auch als Juden, weil nicht nach der Religionszugehörigkeit, sondern nach der »Rasse« gefragt war. Für falsche Angaben wurden hohe Strafen (bis zu einem Jahr Gefängnis) angedroht. Auf den Ergänzungskarten wurde auch die Vorbildung (Schul- und Hochschulbildung) erfasst. Später hat man das sog. Reichsarbeitsdienstdatum auf den Karteikarten eingetragen, eine euphemistische Beschreibung für das Deportationsdatum in die KZs – offiziell »Arbeitseinsatz im Osten« genannt. Das Bundesarchiv hat diese Karteikarten, soweit noch vorhanden, digitalisiert. Aus Datenschutzgründen sind sowohl die Volkszählung als auch die »Residentenliste« nicht frei im

Internet zugänglich, man muss einen Antrag auf Einsicht beim Bundesarchiv stellen.

Das »Gedenkbuch – Opfer der Verfolgung der Juden unter der nationalsozialistischen Gewaltherrschaft in Deutschland 1933–45«, das das Bundesarchiv erstellt hat, ist auch eine gleichnamige Datenbank, mit deren Hilfe man Informationen über die ermordeten Juden Europas erhalten kann. Darin werden folgende Daten erfasst: Name, Geburtsort, Wohnort, Emigrationsland, Inhaftierungsort, Abschiebungsort, Deportationsort, Deportationsziel, Todesort. Ein wichtiges Motiv für Familienforschung und wissenschaftliche Forschung ist es, den vielen unbekannten Opfern einen Namen und ein Gesicht zu geben. Mir zieht es immer wieder das Herz zusammen, wenn ich einen Nachnamen in diese Datenbank eingebe und eine lange Liste von Menschen gleichen Nachnamens, oft sogar mit identischen Vornamen, auf den Bildschirm bekomme, die alle ermordet wurden.

Die gleiche Funktion wie das Gedenkbuch hat »The Central Database of Shoah Victims' Names« von Yad Vashem in Israel. Hier sind darüber hinaus auch die Formulare in gescannter Form einsehbar, die Verwandte, Freunde, Leidensgenossen ausgefüllt haben, um die Lebensdaten der Opfer zu beglaubigen. Einige haben auch ein Foto der gesuchten Person beigesteuert.

Bedeutend für solche Recherchen ist auch der Internationale Suchdienst (International Trace Service – ITS) in Arolsen, der die Schicksale von Verfolgten des Naziregimes zu klären versucht und nach wie vor vermisste Familienangehörige sucht. Hier werden sämtliche Opferakten wie die Listen von Deportierten und Zwangsarbeitern gesammelt (selbst »Schindlers Liste« ist dort im Original archiviert), und umfangreiche eigene Forschungen über den NS betrieben. Der ITS Arolsen war früher eine Einrichtung des Internationalen Roten Kreuzes und hat auch heute noch einen internationalen Beirat. 2013 wurde er von der UNESCO in das »Weltdokumentenerbe« aufgenommen. Über den Internationalen Suchdienst in Arolsen habe ich zwei Adressen von Nachfahren der Familien Metz und Sachs bekommen.

Manchmal hört man hierzulande, dass der NS inzwischen hinreichend erforscht sei: »Man wisse nun doch schon alles«. Tatsächlich sind aber bis heute noch längst nicht alle Opfer des NS namentlich bekannt, geschweige denn, dass ihr Schicksal aufgeklärt wurde. Deshalb sind alle Forscher, die etwas zur Identifikation und Schicksalsklärung der bis jetzt Namenlosen beitragen können, bei den Archivmitarbeitern willkommen. Auch ich habe inzwischen nicht nur vielfältige Hilfe von allen hier genannten Institutionen bekommen, sondern auch mit meinen Recherchen etwas zur Schicksalsklärung beigetragen, die in solche Dokumentationen aufgenommen wurden.

Wo hinterlässt der Mensch noch Spuren? Wichtig waren für mich auch die Auskünfte von jüdischen Friedhöfen. Da in der jüdischen Religion die Gräber für die Ewigkeit sind und nicht wie auf christlichen Friedhöfen nur für eine bestimmte Zeit gepachtet werden, hebt man dort auch die Beerdigungspapiere wie Sterbeurkunden und Anmeldungsformulare für die Beerdigung für immer auf. So habe ich auf dem Friedhof Weißensee in Berlin und selbst auf dem Friedhof Lotnica in Breslau (früher Friedhof Cosel an der Flughafenstraße) nicht nur die Gräber von der Berliner und Breslauer Verwandtschaft gefunden, sondern auch viele wichtige Dokumente. Merkwürdigerweise sind diese beiden sehr großen alten und auch schönen Friedhöfe nicht zerstört worden, während der Friedhof in Leszno/Lissa, wie meistens in Polen ab 1939, von den Nazis zerstört wurde und die Grabsteine als Schotter für den Straßenbau verwendet wurden.

Zuletzt hat mir die Berliner Zentral- und Landesbibliothek überraschenderweise dazu verholfen, Kontakt zu Nachfahren meiner jüdischen Verwandtschaft in Benoni/Südafrika zu bekommen. Und zwar folgendermaßen: Eines Tages entdeckte ich bei einer Internetrecherche zu dem Namen Schwenk die photographischen Abbildungen von Buch-Innenseiten mit den »ex libris«-Zeichen von Erich, Curt und Felix Schwenk. Eine Cousine von Erich Metz hatte in diese Familie eingeheiratet. Dabei die Aufforderung, sich bei der Bibliothek zu melden, wenn man etwas über die Nachfahren der ehemaligen Besitzer dieser Bücher weiß. Es waren vor allem medizinische und juristische Fachbücher, da Curt Arzt, Erich Richter und Felix Rechtsanwalt waren. Der Hintergrund: Die Zentral- und Landesbibliothek in Berlin besitzt durch die Enteignung der Berliner Juden – bei

Projekt Geraubte Bücher.
Ex Libris Dr. Curt Schwenk

Rechte Seite: Ausschnitt aus einer Landkarte von Polen von 2011

der Deportation oder auch schon vorher durch Zwangsverkäufe – viele »Raubbücher«, die seinerzeit in den Besitz der Berliner staatlichen Bibliotheken gelangten. Allein bei der ZLB muss die Herkunft von über 200.000 Büchern überprüft werden. Die Juden besaßen ja nicht nur Gemälde, deren Rückerstattung bis heute nicht abgeschlossen ist, wie der Fall Gurlitt gezeigt hat, sondern z. T. auch große Bibliotheken, die sich der Staat aneignete. Jahrzehntelang wurde die zweifelhafte Herkunft dieser Bücher überhaupt nicht beachtet, doch 2013 hat die Zentral- und Landesbibliothek ein Forschungsprogramm »NS-Raubgutforschung« (raubgut@zlb.de) gestartet, um diese Bücher an die rechtmäßigen Erben zurückzugeben. Dafür gibt es eine Datenbank, auf der die Namen der bis jetzt ermittelten ehemaligen Besitzer verzeichnet sind. Soweit ich weiß, ist das die einzige Bibliothek in Deutschland (und Europa), die sich diese Aufgabe gestellt hat. Ich hatte die biographischen Daten und die Schicksale der Familie Schwenk bereits recherchiert, auch die Orte der Emigration, und konnte bei der Aufklärung weiterhelfen. Die Bibliothek hat mir dann die aktuelle Adresse eines Enkels von Curt Schwenk in Benoni/Südafrika und einer mit ihm verwandten Familie in Berlin gemailt und einen regen Austausch zwischen uns ermöglicht, bei der wir unsere Rechercheergebnisse ausgetauscht und ergänzt haben.

Doch wo sollte ich mit der Recherche über die Historie der Familie Metz anfangen? Ich entschied mich zu einer »Rückkehr zu den Wurzeln«, zu den Ursprüngen von Abraham und Johanna Metz, den Eltern von Erich, deren Vorfahren seit Generationen in Leszno gelebt haben.

Koszalin
(Köslin)
Pomorskie
Swinoujście
(Swinemünde)
Tczew
(Dirschau)
(Elbing)
Białogard
(Belgard)
Malbork
(Marienburg)
Warmińsk
Nowogard
Szczecinek
(Neustettin)
Olsztyn
(Allenstein)
Szczecin
(Stettin)
Zachodnio-
pomorskie
Kwidzyn
(Marienwerder)
Ostróda
(Osterode)
Szczytno
(Ortelsburg)
Stargard Szcz.
(Stargard)
Grudziądz
(Graudenz)
Bydgoszcz
(Bromberg)
Kujawsko-
Pomorskie
Schwedt
Piła
(Schneidemühl)
Mława
(Mielau)
Toruń
(Thorn)
Gorzów
Wielkopolski
(Landsberg)
Inowrocław
(Hohensalza)
Ciechanów
(Zichenau)
Odra
(Oder)
Warta
Noteć
(Netze)
Wielkopolskie
Mazowieckie
Brda
(Brahe)
Wisła
Nogat
Łyna
(Alle)
Kostrzyn
(Küstrin)
(Warthe)
Poznań
(Posen)
Włocławek
(Leslau)
Płock
Frankfurt
Słubice
Gniezno
(Gnesen)
POLEN
Legionowo
Lubuskie
Kutno
Konin
Pruszków
Guben
Gubin
Żyrardów
Zielona Góra
(Grünberg)
Leszno
(Lissa)
Kalisz
(Kalisch)
Łódź
(Lodz,
Lodsch)
Cottbus
Spree
Nysa
(Neiße)
Bóbr
(Bober)
Głogów
(Glogau)
Ostrów
Wielkopolski
(Ostrowo)
Łódzkie
Pilica
Tomaszów
Mazowiecki
(Tomaschow)
Lubin
(Lüben)
Bautzen
Legnica
(Liegnitz)
Görlitz
Zgorzelec
Dolnośląskie
Wrocław
(Breslau)
Jelenia Góra
(Hirschberg)
Kielce
611
Łysica
Liberec
(Reichenberg)
1603
Schneekoppe
Wałbrzych
(Waldenburg)
Opole
(Oppeln)
Częstochowa
(Tschenstochau)
Lubliniec
(Loben)
Śląskie
Świętokrzy
Labe (Elbe)
Sudeten
Kłodzko
(Glatz)
Opolskie
Bytom
(Beuthen)
Sosnowiec
(Sosnowitz)
Hradec
Králové
(Königgrätz)
Altvater
1492
Gliwice
(Gleiwitz)
Katowice
(Kattowitz)
Kraków
(Krakau)
Tarnów
(Tarnau)
Kolin
Pardubice
(Pardubitz)
Ostrava
(Ostrau)
Bielsko-Biała
(Bielitz-Biala)
Małopolskie
TSCHECHIEN
Olomouc
(Olmütz)
Vltava (Moldau)
Beskiden
Karpaten
Jihlava
(Iglau)
Morava
Brno
(Brünn)
Zlín
Zakopane
Hohe Tatra
2655
Poprad
Žilina
(Sillein)
České Budějovice
(Budweis)

Auf den Spuren der Familien Metz und Sachs in Leszno

Das Friedhofsregister der jüdischen Gemeinde von Lissa/Leszno

Da die Stadt Leszno entsprechend der oft wechselnden Herrschaftsverhältnisse zwischen Polen und Preußen bzw. Deutschland mehrfach auch ihren Namen gewechselt hat, muss man sich beim Schreiben für eine Namensgebung entscheiden. Ich habe mich für das polnische Leszno entschieden, da die Stadt seit 1945 wieder so heißt und heute der früher geläufige deutsche Name Lissa in Posen hierzulande kaum bekannt ist. Der Blick in eine aktuelle Landkarte zeigt, dass dieses Leszno / Lissa nicht weit von Berlin, Dresden und Breslau entfernt liegt.

2010 war ich zweimal Leszno, im August und noch einmal zur Leo Baeck-Tagung im September. Bevor ich mit meiner Schwester im Sommer 2010 zu einem ersten Besuch abreiste, schrieb ich mir im Jüdischen Museum Frankfurt die für meine Recherche wichtigen Namen aus dem »Friedhofsregister der jüdischen Gemeinde Lissa« heraus, die der Historiker und Rabbiner Bernhard Brilling 1939 vor dem Einmarsch der Wehrmacht als

Duplikat von Gemeindemitgliedern hatte anfertigen lassen. Wohl ahnend und befürchtend, dass sowohl das dortige Friedhofsregister als auch die Grabmale bald zerstört sein würden.

Im Friedhofsregister der jüdischen Gemeinde von 1734 bis 1939 waren nicht nur die Sterbedaten der Begrabenen nach unserem wie nach dem jüdischen Kalender verzeichnet, sondern auch jeweils der Vater des/der Verstorbenen und der Ehegatte, so z. B.:

Johanna Metz
† 11.Ij 5665 /16. Mai 1905
b. Julius Sachs
∞ Adolf Metz

Die Mutter von meinem Großonkel Erich Metz war also die Tochter von Julius Sachs und mit Adolf Metz verheiratet. Durch diese Eintragungen konnte ich bereits einige der Verwandtschaftsverhältnisse der Familien Metz und Sachs näher klären. Das war auch wichtig, denn im Friedhofsregister waren 37 Personen mit dem Namen Metz verzeichnet und 15 mit dem Namen Sachs. Ansonsten hatte ich das Staatsarchiv von Leszno angeschrieben und die Auskunft erhalten, dass es dort eine Mitarbeiterin gebe, die gut deutsch sprechen und beim Aufspüren der von mir gewünschten, fast ausschließlich auf Deutsch verfassten Akten helfen könne. Das gilt für die Zeit von 1793 bis 1920, als die Provinz Posen mit einer kurzen Unterbrechung während der Napoleonischen Zeit zu Preußen gehörte, und von 1939–1945, als sie von den Deutschen okkupiert wurde.

Die Altstadt von Leszno

Der erste Eindruck von Leszno ist ernüchternd: Statt des vormaligen prächtigen Bahnhofs – eines 1856 im englischen neugotischen Stil errichteten Gebäudes, ähnlich wie der Hauptbahnhof in Breslau – finden wir einen wenig spektakulären Bau der Nachkriegsmoderne.

Der alte Bahnhof von Leszno um 1900

Freundlich und einladend ist der gut renovierte alte Marktplatz im Zentrum, wo wir im Hotel »Wieniawa« eine Unterkunft gefunden haben. Ein frisch renoviertes historisches Gebäude aus dem Barock mit Kolonaden, schon früher ein Gasthof mit Weinstube.

Drei Häuser weiter, Markt Nr. 26, wurde mein Großonkel Erich Metz 1896 geboren.

Sein Elternhaus im Gründerzeitstil, zweistöckig und schmal wie die meisten anderen Häuser am Markt, ist unversehrt. Die Stuckverzierung wurde liebevoll restauriert.

Erich musste nur quer über den Marktplatz gehen und rechts in die Kostener Straße/heute ul. Narutowicza einbiegen. (Gabriel Narutowicz war Präsident der Republik Polen nach dem Ersten Weltkrieg.)

Nach fünf Minuten war Erich an der Synagoge und eine Minute später im Königlichen Comenius-Gymnasium am Schlosspark, an dem er 1912 sein Abitur machte.

Das Gebäude wurde 1882 als Königlich-Preußisches Gymnasium errichtet und 1898 zum 300. Geburtstag von Comenius auf seinen Namen

Steinlaubenhaus am Markt/Rynek um 1900

Geburtshaus von Erich Metz, Markt 26 um 1900, 3. Haus von links

Königliches Comenius-Gymnasium um 1900

getauft. Sein Religionslehrer am Gymnasium war Dr. Samuel Baeck (*1834 in Boskowitz – †1912 in Leszno), von dem er Weltoffenheit und Toleranz lernen konnte. Samuel war der Vater von Leo Baeck (*1873 in Leszno – †1956 in London), von dem später noch die Rede sein wird.

Samuel Baeck setzte als Rabbiner von Leszno und Religionslehrer bei der preußischen Schulbehörde durch, dass das Fach jüdische Religion neben evangelischer und katholischer Religion gleichberechtigt als Unterrichtsfach gelehrt und auch mit Note ins Abiturzeugnis aufgenommen wurde. Samuel Baeck war in Leszno sehr geachtet, auch bei den christlichen Geistlichen verschiedener Konfessionen des Ortes. Er wohnte viele Jahre als Mieter bei Wilhelm Bickerich, der Pfarrer an der reformierten Johanniskirche war, und brauchte wegen seiner kinderreichen Familie nur wenig Miete an den Pfarrer zahlen. Dadurch entstand eine lebenslange freundschaftliche Beziehung zwischen der jüdischen und der protestantischen Familie. Auf der Leo Baeck-Konferenz im September 2010 wurde berichtet, dass beim Tod von Samuel Baeck 1912 die Glocken aller Kirchen und des Rathauses in Leszno läuteten, um ihm die letzte Ehre zu erweisen.

Leszno – »Stadt der Andersgläubigen«

Schon beim ersten Rundgang durch die Altstadt, rings um den sehr großen rechteckigen Marktplatz mit dem prächtigen Rathaus im italienischen Stil (1637–39 erbaut) in der Mitte, fiel uns auf, dass der Marktplatz in nächster Nähe von drei großen Kirchen, ursprünglich einer katholischen, reformierten und evangelisch-lutherischen Kirche, und einer großen Synagoge umgeben ist. Hier sollten offensichtlich alle Religionen und Konfessionen ihren gleichberechtigten und selbstbewussten Platz in der Mitte der Stadt haben.

Tatsächlich hat Leszno eine sehr bewegte religionsgeschichtliche Vergangenheit und stellt sich heute als eine Stadt dar, die »schon immer« multiethnisch, mehrsprachig (polnisch, deutsch, jiddisch, tschechisch), multikulturell und multikonfessionell (mit einigen allerdings gravierenden historischen Unterbrechungen) war. Zeitweise waren in Leszno fast 50 Prozent der Bürger Juden, 20 Prozent protestantische Glaubensflüchtlinge und nur 30 Prozent Katholiken.

Die besondere Situation der Juden im Posener Land – im Unterschied zu den Juden in Deutschland – bestand darin, dass ihre nichtjüdische Umwelt drei Nationalitäten (Polen, Deutsche und Tschechen) angehörte.

Ab 1516 siedelten die in ihrem Heimatland verfolgten »Böhmischen Brüder« aus Tschechien und Preußen in Leszno. Diese religiöse Gemeinschaft entwickelte sich aus der Lehre von Jan Hus. Sie fanden in Leszno Aufnahme, weil der polnische Adlige Rafael III. Leszczyński (1526–1592), der Grundherr und Eigentümer von Leszno, selbst zu den Böhmischen Brüdern übertrat. 1534 verwandelte Graf Rafael III das Dorf Leszno in eine Stadt, deshalb war er besonders an tüchtigen Neuansiedlern interessiert. 1580 schenkte er der Brüder-Unität die ursprünglich katholische St. Nikolai-Kirche, die erst 1654 wieder an die Katholiken zurückgegeben wurde, als die Johanniskirche für die Brüder-Unität fertiggestellt war. Leszno erlebte einen neuen Zustrom von Glaubensflüchtlingen während des 30-jährigen Krieges: 1628 kamen erneut ca. 1.500 Böhmische Brüder und fast zeitgleich ca. 3.000 evangelisch-lutherische Flüchtlinge aus dem nahen schlesischen Guhrau/Góra.

Der Marktplatz/Rynek von Leszno mit Rathaus. In der linken Häuserreihe: das Geburtshaus von Erich (2. Haus von links), Hotel Wieniawa (5. Haus)

Sie alle konnten sich in Leszno dauerhaft niederlassen und machten die Stadt zu einem Zentrum des polnischen Protestantismus. Jan Amos Komensky / Comenius (1592–1670) war der Führer dieser zweiten Flüchtlingswelle der Böhmischen Brüder. Leszno wurde Sitz des Seniorenrats und »Hauptstadt« der Brüder.

Die vielen Glaubensflüchtlinge, Protestanten und Juden, brachten der Stadt einen demographischen, wirtschaftlichen und kulturellen Aufschwung. Die Grafen von Leszczyński versprachen sich von den Einwanderern mehr Steuereinnahmen und eine Entwicklung von Wirtschaft und Kultur. Aus verwandten Motiven wurden später die glaubensflüchtigen Hugenotten von den preußischen und hessischen Fürsten aufgenommen. Dass sich in diesem Teil Polens auch ein Zentrum des Protestantismus herausgebildet hat, war mir bis dahin völlig unbekannt.

Die Böhmischen Brüder spielten eine große Rolle im intellektuellen Leben der Stadt: sie leiteten in Leszno das von den Leszczyńskis gegründete Gymnasium, schufen ein Predigerseminar, Druckereien, eine Bibliothek, ein Archiv und ein Theater und waren auch im Stadtrat vertreten. Comenius blieb 28 Jahre seines Lebens in Leszno. Er leitete dort das Schulwesen und war viele Jahre selbst Rektor am Comenius-Gymnasium und erst Senior, dann Bischof der Brüder-Unität. Wegen seines fortschrittlichen Schulsystems wurde Leszno seinerzeit auch als »Neu-Athen« bezeichnet. Comenius schrieb in dieser Zeit nicht nur viele bedeutende pädagogische und theologische Werke, sondern auch Theaterstücke. Als Politiker setzte er sich für eine konfessionsübergreifende, Frieden stiftende Weltordnung ein. Nach dem großen Brand in Leszno 1656 ging er nach Holland, wo er 1670 starb. Es gab bis ins 17. Jahrhundert hinein eine polnische, deutsche und böhmische Glaubensgemeinde der Brüder in Leszno.

1633 erkannten sich in Leszno die Böhmischen Brüder und die Lutheraner als gleichberechtigte Konfessionen an. Die Lutheraner errichteten 1635 die Kreuzkirche. 1645 vereinigten sich die Böhmischen Brüder mit den Calvinisten in Leszno zu einer evangelisch-reformierten Gemeinde. Diese errichtete 1652–54 die Johanniskirche.

Leszno blieb trotz Gegenreformation ein Zentrum des Protestantismus in Polen.

Jan Amos Comenius (1592–1670). Eigenes Foto von 2010

Die Entwicklung der großen jüdischen Gemeinde in Leszno werde ich später ausführlich darstellen. Hier soll der Hinweis genügen, dass sich Juden erst im 16. Jahrhundert in Leszno ansiedelten. Als der Grundherr Graf Rafael III. Leszczyński das Dorf Leszno 1534 in eine Stadt verwandelte, wollte er auch Juden ansässig machen. 1604 wird erstmals ein Privileg an eine jüdische Handwerksinnung verliehen, und zwar an die der Kürschner. 1626 durfte die jüdische Gemeinde ihre erste Synagoge bauen, so dass es rund um den Markplatz von Leszno ab Mitte des 17. Jahrhunderts vier große sakrale Bauten gab, die das Gesicht der Stadt bis heute prägen.

Seit 1989 erinnert sich die Elite der Stadt wieder gerne an die Zeit, in der Leszno eine »Stadt der Andersgläubigen«, der religiösen und ethnischen Toleranz war. Aber die protestantische, jüdische und preußisch-deutsche Tradition wird nicht von allen als Bereicherung gesehen.

Auf der Leo Baeck-Konferenz 2010 lernte ich jedoch den polnischen Arzt Marcin Blaszkowski kennen, der Protestant geworden ist und auch Deutsch spricht. Als »Andersgläubiger« im heutigen Leszno hat er sich viel mit der Tradition des Zusammenlebens verschiedener Konfessionen, Religionen und Ethnien in seiner Stadt beschäftigt. Er versucht, mit eigenen Presseartikeln, Fernsehfilmen und Übersetzungen vom Deutschen ins Polnische an die Tradition Lesznos als Stadt der »Andersgläubigen« anzuknüpfen.

Synagoge von Leszno, gebaut 1626, heute Teil des Bezirksmuseums und Kulturhaus. Eigenes Foto von 2010

Zurück zu den Ursprüngen – das Geburtshaus von Erich Metz am Markt und die Baderstraße, heute ulica Łaciebna

Im Staatsarchiv von Leszno erhielten wir sehr viele der Dokumente, die wir uns gewünscht hatten: Einsicht in die Geburts-, Heirats- und Sterberegister und in die sog. Volksbücher, in denen – nach Straßen geordnet – aufgezeichnet wurde, wer wann wo gewohnt hat, wann welche Kinder geboren wurden und wer wann aus Leszno und wohin verzogen ist. Ebenso erhielten wir Geburts-, Heirats- und Sterbeurkunden, Bau- und auch Gerichtsakten: die Testamente der Familien Metz und Sachs. Da wir die Spur der Verwandten erst ab der preußischen Zeit von Leszno ab 1793 bis 1920, als die letzten Familienmitglieder aus der Stadt auswanderten, untersucht haben, waren alle diese Akten auf Deutsch verfasst und für uns ohne Übersetzung erschließbar. Segensreich war trotzdem die sehr gut deutsch sprechende junge Archivmitarbeiterin, die uns beim Finden dieser Akten geduldig und interessiert geholfen und uns oft auch auf neue Rechercheideen gebracht hat. Außerdem hat sie uns alle Dokumente sofort kopiert,

Markt/Rynek 26, das Geburtshaus von Erich Metz. Es ist das Haus in der Mitte. Im Parterre befindet sich jetzt ein Ladengeschäft. Eigenes Foto von 2010.

was für die weiteren Recherchen äußerst nützlich war. Da das Archiv am späten Nachmittag schloss, konnten wir anschließend auf Entdeckungsreise in der Stadt gehen und die Recherchefunde selbst in Augenschein nehmen.

Zunächst gingen wir in das Geburtshaus von Erich Metz am Markt, das nur drei Häuser von unserem Hotel Wieniawa entfernt war. Vom Marktplatz in Leszno gibt es viele Ansichtskarten, weil es das belebte und beliebte Zentrum mit Rathaus, Gaststätten, Läden und regelmäßigen Markttagen war und ist. Deshalb ist auch das Haus, in dem Erichs Eltern

Abraham und Johanna Metz von 1896–1905 wohnten und in dem er 1896 geboren wurde, auf vielen alten Fotos zu finden.

In dem Haus Markt 26, heute Rynek 26, befindet sich heute ein Ladengeschäft. Das Haus ist wie fast alle am Marktplatz liebevoll restauriert. Wir haben im Haus geklingelt und uns wurde überraschenderweise geöffnet. Eine Bewohnerin führte uns in die leer stehende Wohnung im 1. Stock, um uns einen Eindruck von den Räumlichkeiten zu geben. Die Tapetenmuster mit ihren Blumen sahen aus, als wären sie von 1900. Aber zwei Kachelöfen müssen tatsächlich aus der Zeit sein, als die Familie Metz dort gewohnt hat. Ich habe sie deshalb fotografiert. Auffallend ist die Konstruktion des Hauses, das wie die meisten Häuser am Markt ein sehr langes Hinterhaus bis zur rückwärtigen Querstraße besitzt, mit vielen Räumen für

Kachelöfen im Geburtshaus von Erich Metz

Bauzeichnung des Geburtshauses von Erich Metz, Markt/Rynek 26.

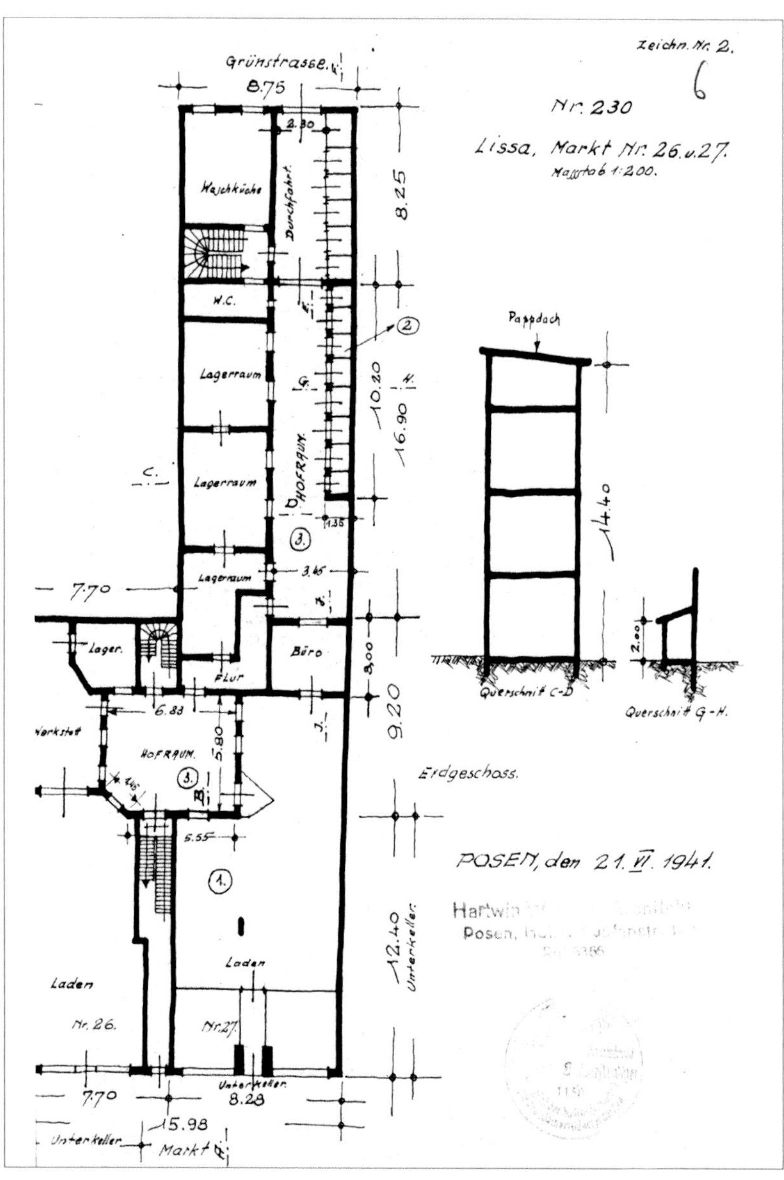

Grundriss der Häuser Markt/Rynek 26 und 27

Werkstätte, Büro und Lager. Diese Räume sind über einen langen Hof von der rückwärtigen Straße aus zu erreichen. Offensichtlich wurden diese Häuser am Markt für Handwerker oder Kaufleute gebaut, die vorne einen Laden und hinten ihre ausgedehnten Geschäftsräume hatten. Die schmalen Fassaden vorne am Markt lassen zunächst nicht vermuten, dass sich dahinter ausgedehnte Gebäude befinden.

Im Staatsarchiv fanden wir die Bauzeichnung der Fassade von Nr. 26 am Rynek/Markt und den Grundriss des Hauses Nr. 26 und des Nachbarhauses Nr. 27. (Siehe die beiden vorigen Seiten.)

Die Zeichnungen stammen von 1941 und offenbaren den Eigentümerwechsel nach der Okkupation durch die deutsche Wehrmacht: das Haus gehört jetzt wieder einem Deutschen. Offensichtlich hat der neue Besitzer von der Nr. 26 nur den Laden dazu gekauft, so dass die Zeichnung des Hinterhauses unvollständig bleibt. Aus dieser Grundrisszeichnung wird jedoch deutlich, dass die Hausstruktur mit Vorder- und Hinterhaus und rückwärtiger Hofeinfahrt nie verändert wurde. Man sieht deutlich, wieviel Platz hier für den Laden, Werkstätte, Büro und Lager vorgesehen war. Die Wohnräume für die Familie waren dann in den oberen Stockwerken.

Anschließend gingen wir in die Baderstraße, in der die Großeltern von Erich Metz, die Familien Metz und Sachs, schon seit Mitte des 19. Jahrhunderts wohnten, direkt gegenüber auf der jeweils anderen Straßenseite.

An den Umbenennungen der Baderstraße kann man den Wechsel von polnischer und deutscher Staatzugehörigkeit Lesznos gut ablesen:

16. Jahrhundert bis 1793:	ul. Łaziebna
1793–1920:	Baderstraße
1920–1939:	ul. Łaziebna
1939–1945:	Baderstraße
1945 bis heute	ul. Łaziebna.

Das vollständige Verzeichnis polnischer und deutscher Straßennamen und ihrer politisch bedingten Umbenennungen habe ich ebenfalls vom

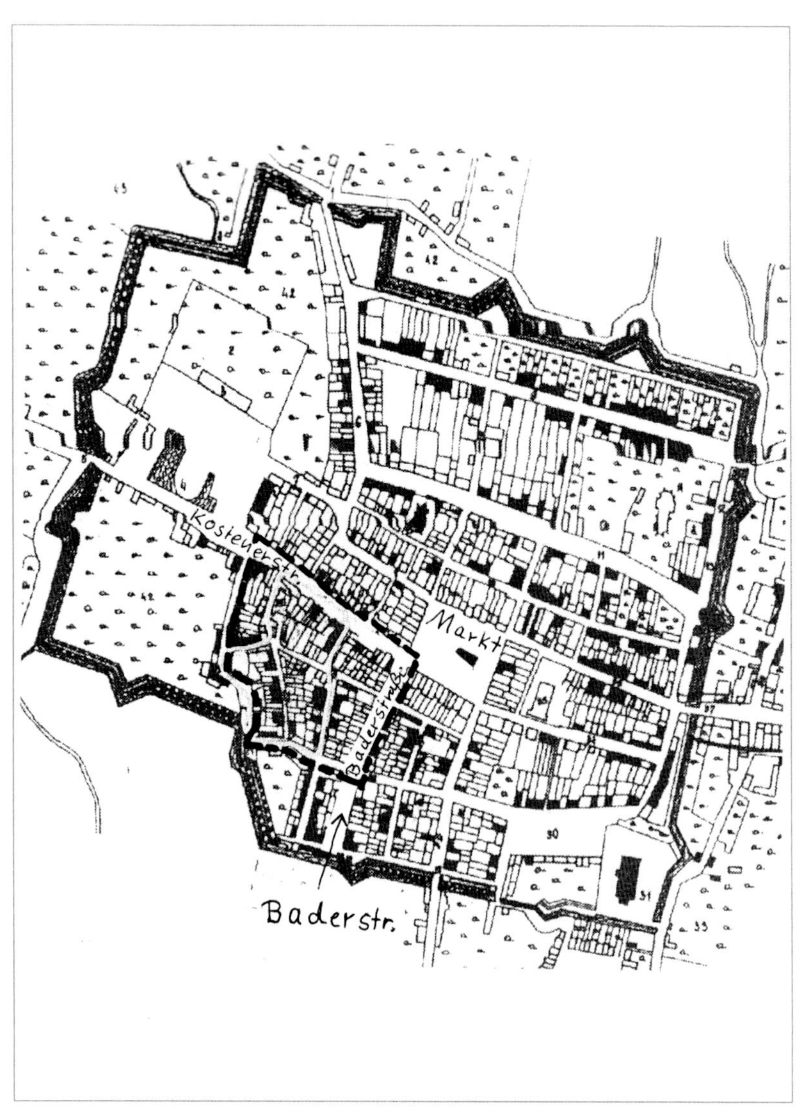

Stadtplan von Leszno im 18. Jahrhundert. Das vorwiegend von Juden bewohnte Viertel ist auf dem Plan mit Strichen eingezeichnet. Die Baderstraße führt auf den Markt.

Einmündung der Baderstraße/ul. Łaziebna auf den Marktplatz.
Eigenes Foto von 2010

LEO BAECK

AUF DEN SPUREN LEO BAECKS Für Rundgang benötigte Zeit: ca. 2 Stunden

1 ALLGEMEINE JÜDISCHE SCHULE /Krasińskiego-Str. 22/ - gegründet im Jahr 1840; sie bestand bis Ende 1921, später protestantische Schule und nach dem Krieg Sonderschule, heute Privatschule. Das Gebäude stammt aus dem späten 19. Jh.

2 LEHRHAUS (BET HA-MIDRASCH) /Średnia-Str. 4/ - die Talmudschule bildet neben der Synagoge das älteste Gebäude im jüdischen Viertel. Es stammt aus der Mitte des 18. Jh. Seit den Zwischenkriegsjahren wird es als Wohnhaus genutzt.

3 MATZEBÄCKEREI /Łaziebna-Str. 2/ - stammt aus der Mitte des 19. Jh.; Überreste der Bäckerei von Markus und Isidor Heppner. Von hier aus wurde Matze auch ins Ausland, u.a. nach Berlin, exportiert.

4 SACHS-STIFTUNG /Narutowicza-Str. 5/ - entstand ca. 1870 zum Zwecke der Gründung einer Talmudschule, in der sich Jugendliche auf ein zukünftiges Rabbinerstudium vorbereiten konnten. Die Stiftung war bis 1939 als Talmudschule, Wohnheim und karitative Institution tätig.

5 DIE EHEMALIGE SYNAGOGE /Narutowicza-Str. 31/ - lag an einer zentralen Stelle des jüdischen Viertels. Sie gilt als größte und wahrscheinlichste älteste Synagoge in Großpolen. Das aus dem 18. Jh. stammende Bauwerk wurde 1905 im Sinne der Wiener Secession nach einem Entwurf der Breslauer Architekten Richard und Paul Ehrlich umgebaut. Die Synagoge wurde von der jüdischen Gemeinde bis 1939 genutzt. Nach dem Krieg erfüllte sie viele Jahre lang die Funktion eines städtischen Bads. Gegenwärtig befindet sich hier die Kunstgalerie des Bezirksmuseums in Leszno. In einem der Säle ist die Dauerausstellung „Juden in Leszno" untergebracht.

6 JÜDISCHES SCHLACHTHAUS /Narutowicza-Str. 47/ - im Hinterhof des Grundstücks. Das neugotische Bauwerk aus der Mitte des 19. Jh. stand auf dem Grund des Kaufmanns und Kunstweinfabrikanten Rudolph Moll.

7 EHEMALIGES COMENIUS-GYMNASIUM /Kościuszki-Platz 5/ - das Schulgebäude wurde 1882 für das Königlich-Preußische Gymnasium, das aus dem Sułkowski-Palais hierher verlegt worden war, errichtet. Einer seiner Schüler war Leo Baeck. Die Schule wurde 1898 anlässlich des 300. Geburtstags von J.A. Comenius nach diesem benannt. Im Gebäude des ehemaligen Gymnasiums befinden sich heute der 1990 gegründete Fremdsprachenkolleg für Lehrer und das III. Allgemeinbildende Lyzeum.

8 LEO-BAECK-HAUS /Chrobrego-Str. 34/ - in dem Haus aus dem 19. Jh. wurde der berühmteste Jude aus Leszno geboren, nämlich Leo Baeck, einer der herausragendsten jüdischen Philosophen des 20. Jh.

9 EHEMALIGER JÜDISCHER FRIEDHOF /Jana Pawła II-Allee 14/ - er wurde 1626 angelegt und von der jüdischen Gemeinde bis 1939 genutzt. Die Deutschen haben ihn während des Zweiten Weltkriegs völlig zerstört. Die Grabmäler wurden u.a. als Schutt beim Straßenbau eingesetzt. Erhalten geblieben sind nur ein kleines Fragment der ehemaligen Begräbnisstätte und zwei Friedhofsgebäude, nämlich das Haus des Totengräbers und das Taharahaus (1907 nach einem Entwurf der Breslauer Architekten Richard und Paul Ehrlich errichtet), welches viele Jahre lang als Galvanisiererei genutzt wurde. Gegenwärtig befindet sich in ihm eine Filiale der Öffentlichen Stadtbibliothek.

Legende zum Rundgang »Auf den Spuren Leo Baecks« von 2010

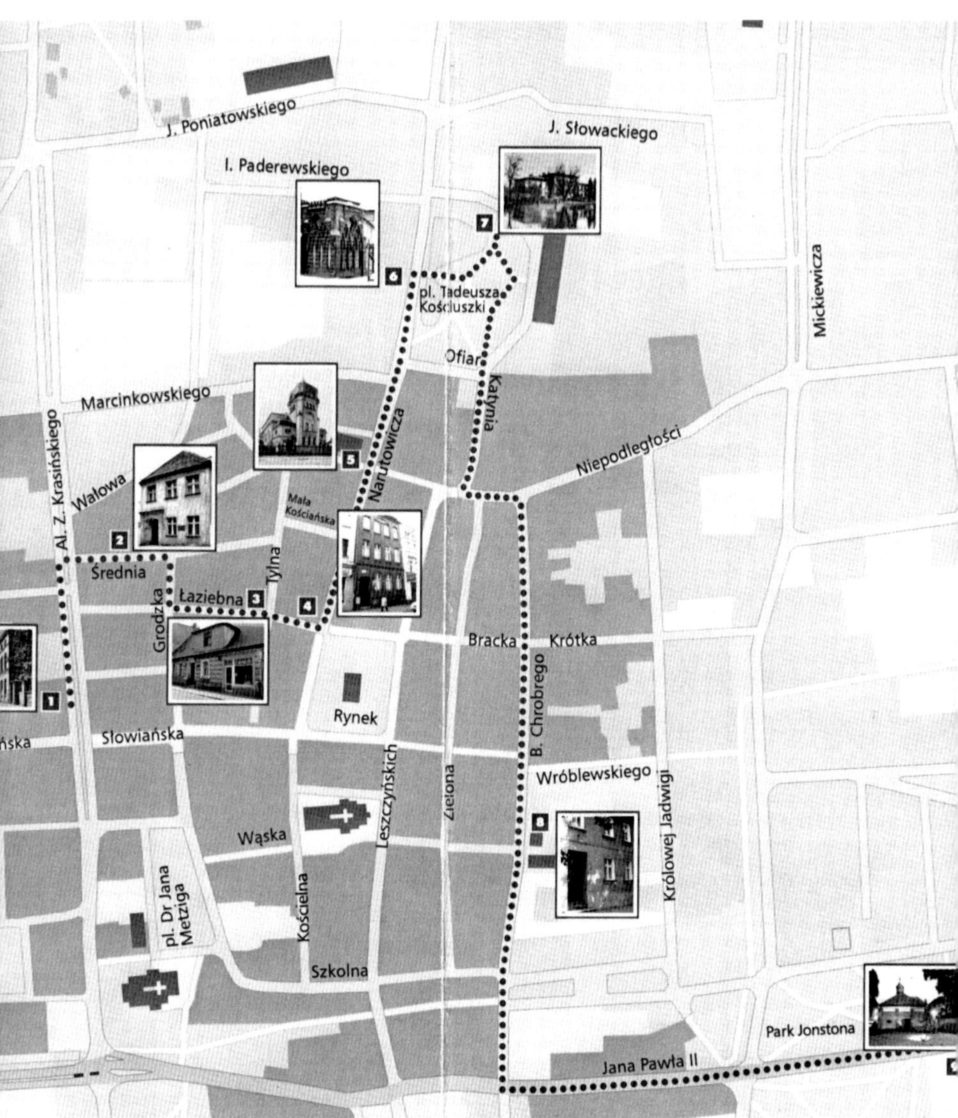

Faltblatt zum Rundgang »Auf den Spuren Leo Baecks«, Leszno 2010.
In der Łaziebna-Straße (früher Baderstraße) ist die Matzebäckerei abgebildet.

Leksznoer Staatsarchiv bekommen. Es wurde bereits 1982, also noch in der kommunistischen Zeit, erstellt.

Die Baderstraße führt auf den Marktplatz und bildet zusammen mit der Kostener Straße (heute: ul. Narutowicza), die ebenfalls auf den Marktplatz führt und an der sich die Synagoge befindet, die äußere Umgrenzung des ehemals vorwiegend jüdischen Viertels.

Ein jüdisches Ghetto gab es in Leszno nie, obwohl es lange Zeit immer wieder Einschränkungen beim Häuserkauf für Juden gab. Juden und Christen wohnten hier oft zusammen im gleichen Haus.

In der Baderstraße besaßen Juden schon 1626 mehrere Häuser, 1793 waren sie bereits Eigentümer von 39 Häusern gegenüber 10 christlichen Eigentümern. Erst ab 1800, auch bedingt durch den großen Brand 1790 in Leszno, der den Neubau vieler Häuser notwendig machte, durften Juden überall in der Stadt Häuser erwerben oder bauen, selbst am Marktplatz, von dem man sie zunächst fernhalten wollte.

Die jüdischen Häuser in der Kostener Straße und in der Baderstraße, von denen viele erst nach dem großen Stadtbrand von 1790 neu errichtet wurden, waren meistens zweistöckige Steinhäuser und im historistischen Stil verziert, wie man es auf den alten Bauzeichnungen erkennen kann. Von diesen Schmuckelementen ist hier aber meist nicht viel übrig geblieben. Heute sind die Häuser in der Baderstraße überwiegend glatt verputzt, in Pastellfarben angestrichen und sehen schlicht bis ärmlich aus. Es gibt dort jedoch weder Häuserlücken noch Neubauten, so dass der Altstadtcharakter erhalten geblieben ist.

Die Vorfahren von Erich – alles Kürschnermeister

Aus den Akten des Staatsarchivs haben wir erfahren, dass die Vorfahren von Erich Metz in der väterlichen und mütterlichen Linie alle Kürschnermeister waren.

Die Kürschnerei war in Lissa seit dem 17. Jahrhundert eines der wichtigsten Handwerksgewerbe, in dem besonders die Juden aktiv waren.

Die Kürschner trugen wesentlich zum Wohlstand der Stadt bei. Aber es gab von Anfang an eine große Konkurrenz zwischen jüdischen und christlichen Handwerkern, die zu häufigen Beschwerden der christlichen Handwerker beim Landesherren führten, so z.B. 1749:

»Auch die Kürschnerinnung führte beim Grundherren Beschwerde, dass die Juden in ihren Läden Rauchwaren, mit Tuch überzogene Handschuhe verkaufen, Pelze einführen, in der Stadt ausser der Marktzeit Mützen, Futter, Handschuhe, Pelze und andere Rauchwaren feilbieten und solche in den Häusern der Bürger anfertigen, wodurch die Zunft grossen Schaden erleide.«[4] Darauf ordnete der Graf von Sulkowski, der den Leszczińskis nachfolgende Grundherr, an, dass die Juden, nur wenn sie »von Herrschaften und Geistlichen gerufen« werden, Waren in christlichen Häusern verkaufen dürften.

Weil die christlichen Handwerker die jüdischen diskriminierten und ihnen größtenteils den Zugang zu den Zünften versperrten, schlossen sich diese im 18. Jahrhundert häufig in eigenen Zünften zusammen. So bildete sich in dieser Zeit auch eine jüdische Kürschnerzunft heraus, die 1764 ein eigenes Privileg vom Grundherrn erhielt, das u.a. auch Lehrlings- und Gesellenausbildung im Detail regelte. 1793 gab es 29 jüdische Kürschnermeister in Leszno und 1849 schon 80.[5] Dazu muss man wissen, dass der Besitz eines Pelzes in diesen Zeiten ein wichtiges Zeichen für den Wohlstand eines Bürgers war, ganz abgesehen davon, dass bei den damals viel kälteren Wintern ein Pelz auch sehr nützlich war.

Die Vorfahren von Erich väterlicher- und mütterlicherseits waren wie viele ihrer Kürschnerkollegen nicht nur Handwerker, sondern zugleich auch Pelz- und Lederhändler. Da es für jüdische Handwerker und Händler in der Stadt selbst viele gewerbliche Einschränkungen gab, waren sie bestrebt, sich im Außenhandel, auch international, zu betätigen. So waren die Leksznoer jüdischen Kürschner u.a. auf den großen Messen in Leipzig, Breslau, Berlin und Frankfurt an der Oder präsent, hatten aber auch ausgedehnte Handelsbeziehungen mit Prag, Brody, Lemberg, St. Petersburg und Moskau und auf anderen russischen Märkten bis hin zur türkischen Grenze.[6] Durch die

Kombination von Handwerk und Handel und flexible Geschäftspraktiken, wie das Anfertigen von Mützen, Handschuhen und Pelzmänteln im Haus der Kunden, kamen die jüdischen Kürschner von Leszno zu beträchtlicher Wohlstand. So besaßen die Familien Metz und Sachs jeweils Grundstücke und Häuser in der Baderstraße mit Werkstatt und Verkaufsraum im Parterre und Wohnräumen im ersten und zweiten Stock. Sie beschäftigten Gesellen und Lehrlinge und hatten auch Hausangestellte.

Die Familie Metz

Die Großeltern Metz: Louis und Amalie

Der Familienname Metz taucht in Leszno erst im 18. Jahrhundert auf. Die Familie Metz stammt möglicherweise aus Frankreich, aus der Stadt Metz. Das könnte damit zusammenhängen, dass der Grundherr von Leszno Stanislaus I. Leszczyński (*1677 in Leszno – †1766 in Lunéville, Herzogtum Lothringen) zweimal für kurze Zeit (1704–1709 und 1733–34) König von Polen war und durch die Heirat seiner Tochter Maria 1725 mit König Louis XV. von Frankreich auch Herzog von Lothringen wurde. Metz ist die Hauptstadt von Lothringen. Möglicherweise wurde dadurch die Ansiedlung von Juden aus Metz in Leszno erleichtert. Vielleicht wanderten aber auch Juden mit dem Namen Metz, der auch in Deutschland häufig ist, von deutschen Ländern nach Leszno ein. So kam eine Familie Metz 1771 von Köln aus nach Leszno.[7]

In Leszno siedelten Juden bereits ab dem 16. Jahrhundert. Der frühere Grundherr Graf Rafael III. Leszczyński bot, wie schon gesagt, Glaubensflüchtlingen aller Art Schutz, um das Land wirtschaftlich und kulturell zu entwickeln, so auch den Juden. Die Mehrzahl der Juden kam aus Deutschland, was sich an den vielen deutschen Familiennamen der Juden ablesen lässt, die deutschen Ortsnamen entlehnt sind, wie u. a. Oppenheim, Frankfurter, Halberstadt, Leipziger, Hamburger, Brühl, Danziger, Nürnberger oder Breslauer. Nach Louis Lewins Forschungsbericht über die Lesznoer Juden von 1904 sprachen deshalb die Juden in Leszno bis 1920 mehrheitlich deutsch und nicht jiddisch, es sei denn, sie waren aus dem östlichen Polen eingewandert.

»Polnische Sprache und Cultur waren bei den Lissaer Juden nie heimisch, die deutschen Bezeichnungen für polnische Städte üblich [...]. Die Vereine hiessen Zechen und der Synagogendiener ›Schulkläpper‹.«[8]

Schon zu polnischer Zeit, also vor 1793, als die Provinz Posen preußisch wurde, unterrichtete man das Fach Deutsch an den jüdischen Schulen in Leszno, danach war bis 1920 deutsch die Unterrichtssprache an allen jüdischen Schulen: »Mit der Durchsetzung der Schulpflicht für die jüdischen Kinder im Jahre 1824 begann die Ausbreitung der deutschen Sprache von der Elite auf die Masse. Die säkularisierte, deutschsprachige und unter staatlicher Aufsicht gestellte jüdische Schule verhalf der deutschen Sprache unter den Juden zum Durchbruch.«[9]

Bei den jüdischen Bildungsreformern nicht nur in Posen, sondern auch in Berlin, hatte das Jiddische kein gutes Image. Man glaubte, dass es wie die deutschen Dialekte einer höheren Bildung und der Wissenschaft im Wege stünde. Sie nannten damals das Jiddische, das eine Mischung aus mittelalterlichem Deutsch, Polnisch und Hebräisch ist, deshalb z.T. ein »Corruptdeutsch«, um ihre Missbilligung auszudrücken. »Auch unter den jüdischen Aufklärern (maskilim) genoß das Jiddische kein hohes Ansehen. [...] Der Berliner Kreis um Moses Mendelssohn opponierte unermüdlich gegen den verhaßten ›korrupten‹, ›unsittlichen‹ Jargon, wobei er den Niedergang des korrekten Hebräisch unter den Juden ebenso anprangerte wie ihre mangelnde deutsche Sprachkompetenz.«[10] Aus heutiger Sicht erscheinen solche Attacken gegen das Jiddische problematisch. Sie gehören in eine Zeit, in der man noch für die Durchsetzung des Hochdeutschen gegenüber allen deutschen Dialekten kämpfte. Sie drücken jedoch auch eine Abwehr und Diskriminierung des Ostjudentums aus.

In Leszno wie in der Provinz Posen insgesamt wuchsen die jüdischen Kinder in der Regel mehrsprachig auf. In der Familie sprach man deutsch oder auch jiddisch, wenn man aus Osteuropa eingewandert war, Polnisch lernten sie im Umgang mit der polnischen Bevölkerung und Hebräisch im

Baderstraße 7 / ul. Łaziebna 4 (3. Haus von rechts) und Matzebäckerei (1. Haus von rechts). Eigenes Foto von 2010

jüdischen Religionsunterricht und in der Synagoge. Die Kinder der Familien Metz und Sachs sprachen in der Familie nur deutsch, beherrschten aber ebenso das Jiddische, Polnische und Hebräische.

Der Großvater von Erich Metz war der Kürschnermeister Louis Leyser Metz, geboren 1838 in Leszno und gestorben 1904 ebenfalls in Leszno. Louis' Vater war selbst bereits ein Kürschnermeister. 1860 heiratete Louis Amalie Baum (1834–1902), die aus einer Kaufmannsfamilie aus Leszno stammte. Im Jahr 1877 baute Louis Metz in der Baderstr. 7 für die Familie ein stattliches Wohn- und Geschäftshaus, das noch heute existiert – zwei Häuser entfernt von der Matzebäckerei, die später eine kleine Matze-Fabrik wurde, die u. a. auch nach Berlin lieferte.

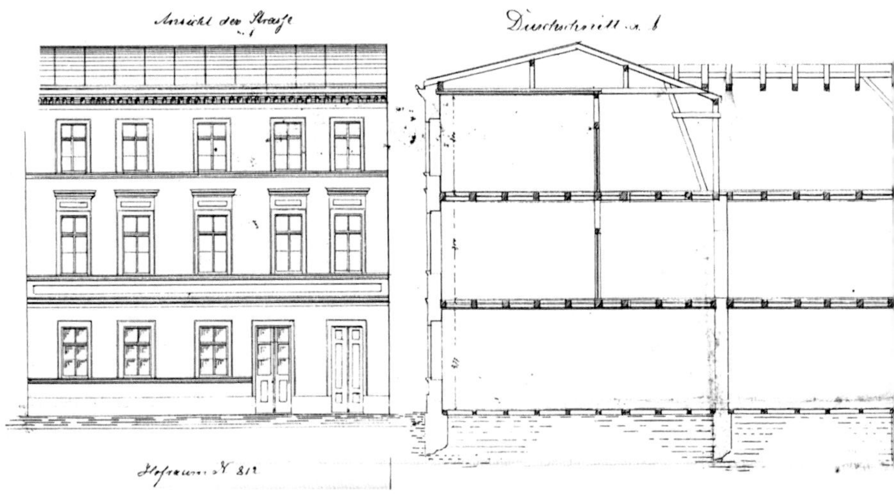

Bauzeichung vom Haus Baderstr. 7, gebaut 1877 von Louis Metz, dem Großvater von Erich Metz

Außer dem Laden gab es im Haus der Familie Metz in der Baderstr. 7 zwölf Zimmer, zwei Küchen und drei Alkoven. Ein so großes Haus wurde für die zahlreichen Kinder auch gebraucht. Louis Metz baute es 1877, als das letzte der zwölf Kinder geboren wurde.

Auf der Bauzeichnung sieht man noch die gründerzeitlichen Stuckaturen, die bei der Renovierung nach 1945 nicht erneuert wurden. Heute sind in dem ehemaligen Pelzgeschäft eine Musikalienhandlung und nebenan im gleichen Haus ein FRYZJER (Friseur). Dafür wurde eine dritte Eingangstür in das Haus eingebaut. Im Schaufenster des Musikladens lagen bei unserem Besuch u. a. eine Gitarre und eine Flöte. Und über dem Laden prangte eine riesige Reklame für die bekannte Lautsprecher-Firma

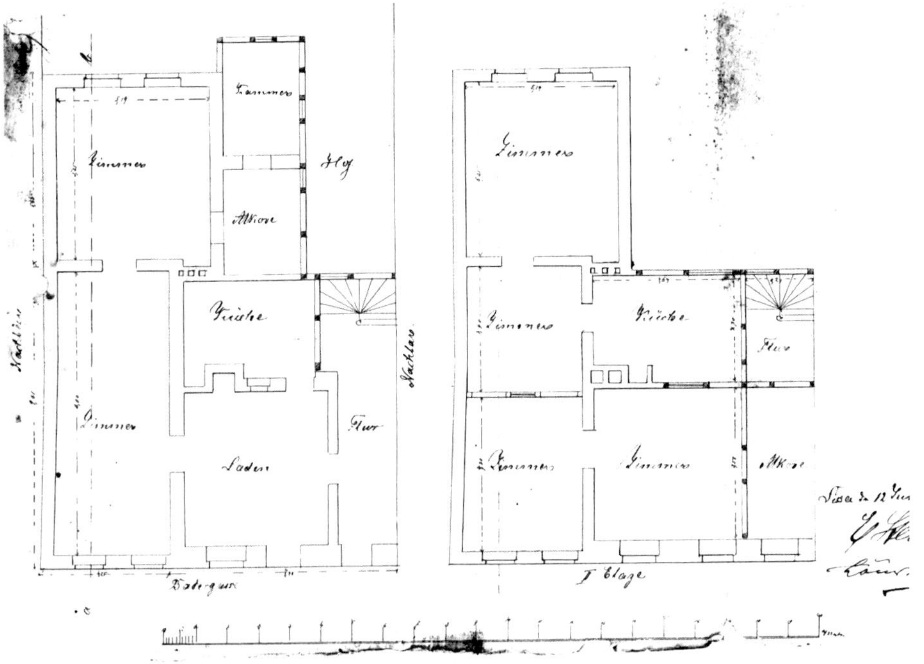

Grundriss von Parterre und II. Etage Baderstr. 7, 1877

»BOSE. BETTER SOUND THROUGH RESEARCH«. Zwei Häuser weiter rechts ist das Haus der ehemaligen Matzebäckerei, das baulich gar nicht verändert wurde und heute immer noch als Ladengeschäft genutzt wird.

Die zwölf Kinder von Louis und Amalie Metz wurden alle in Leszno zwischen 1861 und 1877 geboren. Erichs Großmutter Amalie bekam also fast jedes Jahr ein Kind. Einmal war ihr Ehemann Louis während der Entbindung auf Geschäftsreise, weshalb das Dienstmädchen die Geburt des Kindes anmelden musste, wie aus der Geburtsurkunde des Sohnes Hirsch Heinrich hervorgeht. Dort heißt es:

»Vor dem unterzeichneten Commissarius des Königlichen Kreisgerichtes erschien heute die unverehelichte Anna Heinze, Dienstmädchen

Das Haus von Louis Metz, Großvater von Erich Metz, Baderstraße 7 / ul. Łabiezna 4. Eigenes Foto von 2010

Das Haus der ehemaligen jüdischen »Bäckerei und Conditorei Moritz Heppner«, deren Matzebrote international verschickt wurden, ul. Łabiezna 2. Eigenes Foto von 2010

bei Louis Metz, [...]. Dieselbe erklärte: Am 11ten October 1871 um 6 ½ abends ist die Ehefrau des Kürschners Louis Metz, Amalie, geb. Baum, wohnhaft hierselbst, von einem Kinde männlichen Geschlechts entbunden, welches den Namen Hirsch Heinrich erhalten hat. Die Eheleute sind jüdischen Glaubens, haben die Rechte von Inländern, da sie von Inländern abstammen und sind am 11. September 1860 in Lissa durch den Richter getraut. Der Vater des Kindes ist auf Reisen. Ich diene bei denselben und bin bei der Geburt zugegen gewesen. Anna Heinze«.[11] Interessant ist hier vor allem der Hinweis auf die »Rechte von Inländern«, da die Juden in der Provinz Posen bis 1848 um ihre Anerkennung als gleichberechtigte preußische Staatsbürger hatten kämpfen müssen.

Die zwölf Kinder von Louis und Amalie Metz

Im Staatsarchiv Leszno waren die Geburtsurkunden von allen Kindern vorhanden.
Folgende Daten konnten wir ermitteln:

Alwine	(1861–1909)
Bertha	(1862–?)
Caroline	(1864–1939)
Abraham	(1865–1940), Der Vater von Erich Metz
Moritz	(1867–1942)
Siegfried	(1868–1917)
Natalie	(1868–1942?)
Ernestine	(1870–?)
Hirsch Heinrich	(1871–1872)
Rosalie	(1873–1942)
Seraphine	(1875–1942)
Joseph	(1877–1970)

Trotz der vielen Geburten erfreute sich Amalie einer guten Gesundheit und starb mit 68 Jahren. Alle Kinder der Großeltern von Erich wurden in Leszno geboren. Siegfried und Natalie waren Zwillinge. Nur einige Vornamen der fünf Söhne waren jüdisch: Abraham, Joseph und Hirsch. Hinzu kamen Moritz und Siegfried. Hirsch hatte als Zweitnamen den Vornamen Heinrich und Abraham nannte sich später mit Zweitnamen Adolf. Hirsch Heinrich starb schon mit neun Monaten. Die sieben Töchter bekamen alle keine jüdischen Vornamen. Ihre Vornamen sind besonders ausgesucht, melodisch klingend: Alwine, Caroline, Natalie, Ernestine, Rosalie, Seraphine. Nur der Name Bertha passt klanglich nicht in diese Reihe.

Abraham, der Vater von Erich, wurde wie der Vater Kürschner und Kaufmann. Moritz, Siegfried und Joseph machten eine kaufmännische Lehre. Die Mädchen erlernten, wie zu dieser Zeit üblich, keinen Beruf. Bis auf Rosalie heirateten alle und bekamen eine ordentliche Mitgift.

1902, einen Monat nach dem Tod seiner Frau Amalie und zwei Jahre vor seinem eigenen Tod, verfasste Louis Metz ein umfangreiches Testament, das allen elf noch lebenden Kindern gerecht werden sollte. Dabei bedachte er zunächst seine drei noch nicht verheirateten Kinder: die beiden Töchter Rosalie und Seraphine, die noch keine Mitgift erhalten hatten, und den noch unverheirateten Sohn Siegfried. Zugleich ordnete er als strenger Patriarch an, dass bei einer Anfechtung dieser Nachlassaufteilung durch die anderen acht Kinder, die bereits ihre Mitgift oder andere Zuwendungen in der Höhe von 9.000 Mark erhalten hatten, diese Summe von dem den Kindern dann zustehenden Pflichtteil des Erbes abgezogen würde. Durch diese Androhung wollte er offenbar Erbstreitigkeiten zuungunsten der drei unverheirateten Kinder gleich unterbinden.

Das Testament von Louis Metz von 1902

»I.

Nach meinem Tode sollen aus meinem Nachlaß zunächst meine Kinder:

1. *Siegfried Metz*
2. *Rosalie Metz*
3. *Seraphine Metz*

zur Zeit sämtlich in Lissa wohnhaft, je neuntausend (9.000) Mark erhalten. […]

II.

Alles dasjenige, was nach Abzug der zu I genannten Beträge übrig bleibt, erhalten zu gleichen Theilen meine Kinder:

1. *Alwine, Ehefrau des Bürovorstehers Sternberg zu Breslau*
2. *Bertha, Ehefrau des Hilfs-Rangiermeisters Schlesinger zu Lissa*
3. *Caroline, Ehefrau des Kaufmanns Baum zu Znin*
4. *Abraham genannt Adolf Metz zu Lissa*
5. *Moritz Metz, Kaufmann zu Cöln*
6. *Natalie, verwittw. Born zu Breslau*

7. Tina (Ernestine), Ehefrau des Kaufmanns Froehlich zu Schwientochlowitz
8. Joseph Metz zu Breslau

Ich bemerke hierbei, daß die vorgenannten 8 Kinder bereits durch Ausstattung, Darlehen und sonstige Zuwendungen so viel erhalten haben, daß ihnen ein Anspruch an meinem Nachlaß nicht zusteht und daß sie durch die Festsetzungen zu I nicht benachteiligt sind. Sollte das eine oder andere dieser Kinder aber mit den Bestimmungen dieses Testaments nicht zufrieden sein, so hat es sich auf den ihm alsdann zufallenden Pflichtteil alles aber anrechnen zu lassen, was es zur Ausstattung, Errichtung einer eigenen Wirtschaft, zur Etablierung und aus nichtigem Anlaß erhalten hat, und es hat die ihm gewährten Darlehen zur Nachlaßmasse zurückzuerstatten, während ich meinen Kindern, welche dieses Testament nicht angreifen, alle mir gegen sie zustehenden Darlehens- und sonstige Forderungen ausdrücklich erlasse.[...]

V.

Möbel, Wäsche, Betten und Hausrat sollen meine 3 Kinder Siegfried, Rosalie und Seraphine zum gemeinschaftlichen Eigentum erhalten, da ich wünsche, daß diese 3 Kinder nach meinem Tode gemeinschaftlich wirtschaften.

Meine und meiner verstorbenen Ehefrau Betstellen in der hiesigen Synagoge soll mein Sohn Adolf zum Eigentum erhalten, dafür aber verpflichtet sein, meine und meiner Ehefrau Jahrzeit abhalten zu lassen. [12]

VI.

Zu meinem Testamentsvollstrecker ernenne ich meine beiden Söhne Adolf Metz zu Lissa und Moritz Metz zu Cöln. Dieselben sollen befugt sein, alles zu thun, was zur Realisierung des Nachlasses erforderlich ist und ihnen angezeigt erscheint. Sie sollen insbesondere berechtigt sein, Grundstücke zu verkaufen, den Kaufpreis zu vereinbaren, Gelder in Empfang zu nehmen und darüber zu quittieren, Grundstücke aufzulassen, Hypothekenforderungen abzutreten oder über dieselben zu quittieren und Grundstücke zu belasten. [...]

Etwas Weiteres habe ich nicht zu bestimmen. Ich bemerke nur noch, dass die Testamentsvollstrecker die Verwaltung der meinen Kindern Siegfried, Rosalie und Seraphine Metz zugewendeten Beträge zu führen haben.
[...]

Das Protokoll ist hierauf vorgelesen, von dem Erblasser genehmigt und von ihm eigenhändig unterschrieben worden.
Louis /Leyser Metz«[13]

Die jeweils 9.000 Mark, die offenbar die acht schon verheirateten Kinder bereits erhalten hatten bzw. die drei unverheirateten Kinder noch erben sollten, waren zur damaligen Zeit ein stattlicher Betrag.

Interessant für die damalige Zeit ist, dass auch alle Frauen aus den Familien Metz und Sachs ein Vermögen in die Ehe einbrachten und vor ihrem Ableben ein eigenes Testament verfassten, in dem sie in der Regel ihre Kinder bedachten.

Fast alle Söhne und Töchter von Louis' und Amalies Kindern zogen – bis auf Siegfried, der bereits 1917 mit 48 Jahren in Leszno starb, – schon vor Januar 1920, als Leszno wieder polnisch wurde, weiter westwärts nach Schlesien: Breslau, Beuthen und Schwientochlowitz, bzw. nach Berlin und Köln. Sowie die Juden in der preußischen Provinz Posen 1848 die volle Freizügigkeit erlangten, versuchten viele ihr Glück westwärts: zumeist in Schlesien, vor allem in Breslau, oder in der Großstadt Berlin, wenn sie nicht sogar nach Amerika auswanderten. Leszno wäre in dieser Zeit an jüdischer Bevölkerung stark geschrumpft, wenn es nicht weiter den Zuzug aus dem Osten Polens gegeben hätte. Nur Abraham blieb bis August 1920 in Leszno, weil er den Pelz- und Ledergroßhandel seines Schwiegervaters Juda Julius Sachs übernommen hatte. Er ließ sich erst nach dem Tod seines Schwiegervaters im Herbst 1920 mit der Firma, die er von ihm übernommen hatte, in Breslau nieder.

Die Sterbedaten der Kinder von Louis und Amalie Metz habe ich viel später, oft durch lange Recherchen, ermittelt, und auch das nicht ganz vollständig. Dabei ergab sich folgendes für Juden in Deutschland und Europa typisches Bild: Wer nicht vor 1941 schon gestorben war oder emigrieren konnte, starb bei der Deportation, im Ghetto, im KZ oder im Todeslager.

Von den zwölf Kindern konnte ich die Sterbedaten von Bertha und Ernestine nicht ermitteln.

Fünf Kinder, Alwine, Caroline, Abraham, Siegfried und Heinrich, starben vor dem Holocaust.

Joseph konnte als einziger emigrieren: nach der Entlassung aus dem KZ Oranienburg im Sommer 1938 emigrierte er nach Shanghai.

Vier Kinder, Moritz, Natalie, Rosalie und Seraphine, wurden im hohen Alter 1942 deportiert. Moritz und Seraphine starben im sog. Altersghetto Theresienstadt. Rosalie, die auch zunächst nach Theresienstadt deportiert worden war, starb im Todeslager Treblinka. Von Seraphine ist nur bekannt, dass sie von Beuthen aus mit ihrem Ehemann deportiert wurde. Todesort unbekannt.

Die Familie Sachs

Die Großeltern Sachs: Juda und Friederike

Auch die Mutter von Erich Metz, Johanna Metz, geb. Sachs, stammte aus einer Lesznoer Kürschnermeister-Dynastie. Ihr Vater Juda Julius Sachs, der andere Großvater von Erich, wurde 1834 in Leszno geboren und ist 1920 auch dort gestorben. Auch er hatte eine Ausbildung als Kürschner und machte später einen erfolgreichen internationalen Pelz- und Leder-Großhandel auf – »I. Sachs: Felle, Häute, Rauchwaren. Lissa i. Posen«. 1858 heiratete er Friederike Oliven (1830–1896). Aus dem Aufgebot zur Heirat geht hervor, dass mit dieser Heirat zwei Kürschnerfamilien verbandelt wurden.

»Vor dem unterzeichneten Königlichen Kreisgericht wird hiermit zur öffentlichen Kenntniß gebracht, daß der Handelsmann Juda Sachs von hier, Sohn des hiesigen Kürschnermeisters Itzig Sachs, und die Jungfrau Friederike Oliven, Tochter des hiesigen Kürschnermeisters Jacob Oliven, laut Verhandlung vom 25. November 1858 erklärt haben, sich miteinander ehelich zu verbinden [...]. Königl. Kreisgericht; II. Abtheil. Kommissarius für Civilstands-Sachen.« [14]

Juda Sachs – den Zweitnamen Julius hatte er sich offenbar erst nach der Heirat zugelegt – baute ebenfalls ein zweistöckiges Steinhaus im historistischen Stil mit Werkstatt, Laden und Wohnräumen in der Baderstraße, direkt gegenüber der Familie Metz, in der Nummer 6.

Das Haus von Julius Sachs, Großvater mütterlicherseits von Erich Metz. Baderstr. 6/ul. Łaziebna 25. Eigenes Foto von 2010

Auch dieses Haus war ursprünglich stuckverziert und wurde nach 1945 wenig liebevoll modernisiert. Im Haus ist jetzt ein Lebensmittelgeschäft, das zur Handelskette LEWIATAN gehört.

Als die jüngste Tochter von Juda Sachs, Johanna, 1895 den Sohn vom Kürschnermeister Louis Metz aus der Baderstraße 7, Abraham, ehelichte, musste die junge Braut nur auf die andere Straße wechseln. Die beiden kannten sich von Kindheit an. Ich konnte allerdings keinen Hinweis dafür finden, ob das eine arrangierte Ehe oder eine Liebesheirat war. Beides war zu dieser Zeit möglich. Auf jeden Fall übernahm Abraham Metz, der Vater von Erich, später die Firma von seinem Schwiegervater Juda Sachs, weil der einzige Sohn von Juda, Ludwig, lieber eine Banklehre machte und später in Beuthen/Oberschlesien und danach in Berlin Bankdirektor wurde.

Die fünf Kinder von Juda und Friederike Sachs

Im Staatsarchiv Leszno befanden sich auch die Geburtsurkunden der fünf Kinder von Juda und Friederike Sachs: vier Töchter und nur ein männlicher Erbe, der dann die Geschäftsübernahme ausschlug. Alle Töchter heirateten früh. Drei wanderten mit ihren Ehemännern schon vor 1900 nach Berlin aus. Nur die jüngste Tochter Johanna blieb mit ihrem Ehemann Abraham, der mit seinem Schwiegervater Juda Sachs die Firma leitete, in Lissa und starb dort sehr jung 1905, mit nur 35 Jahren, an einer Krankheit.

Nach Recherchen in Berliner Archiven und auf dem jüdischen Friedhof in Berlin-Weißensee, wo die drei »Berliner Töchter« mit ihren Ehemännern beerdigt wurden, konnte ich folgende Lebensdaten der Kinder von Juda und Friederike ermitteln:

Regina:	*09.05.1860 in Lissa, †1936 in Berlin
Ludwig:	*01.02.1862 in Lissa, †1918 in Berlin
Eva:	*12.10.1864 in Lissa, †1934 in Berlin

Lina:	*27.10.1865 in Lissa, †1932 in Berlin
Johanna:	*29.11.1869 in Lissa, †1905 in Lissa. (Die Mutter von Erich Metz)

Ludwig, der zuerst in Beuthen und dann in Berlin eine Bank leitete, starb während des Ersten Weltkrieges an einer Brustfellentzündung. Damals gab es noch kein Penicillin.

Regina, Eva und Lina erlebten noch die Zeit des Nationalsozialismus in Berlin und starben eines natürlichen Todes vor den 1941 in Berlin beginnenden Deportationen. Die Ehemänner von Regina und Eva starben vor diesem Datum unter tragischen Umständen. Evas Mann Julius Becker beging 1903 mit 37 Jahren Selbstmord. Auf der Bescheinigung über die »Eintragung eines Sterbefalles« finde ich die Mitteilung: Tod durch »Erhängen«. Die Gründe dafür konnte ich nicht aufklären. Reginas Mann Heinrich Becker (Heinrich und Julius waren Brüder) wurde 1920 in Berlin laut polizeilicher Mitteilung überfahren und starb an einer Verblutung.

Das Testament von Juda Sachs von 1899

Die längste Lebenszeit war dem Vater dieser fünf Kinder Juda Julius Sachs gegeben. Er starb am 19. August 1920 im hohen Alter von 86 Jahren in Lissa in seinem Haus in der Baderstraße 6. Seine früh verwitwete Tochter Eva kam aus Berlin nach Leszno, um ihren Vater während seiner Krankheit zu pflegen. Anschließend zog sie wieder nach Berlin. Auch Juda Sachs verstand es, erfolgreich seine Großhandelsfirma für Pelze und Leder zu leiten und vermachte seinen Kindern ein beträchtliches Vermögen. Sein erstes Testament verfasste er 1899, drei Jahre nach dem Tod seiner Frau Friederike:

»Mein letzter Wille

§. 1.

Ich, der Kaufmann Juda, gen. Julius Sachs, zu Lissa in Posen, ernenne zu meinen Erben meine Kinder, nämlich:

1. Die Frau Regina Becker, geborene Sachs, in Berlin, Schleswiger Ufer No 5.
2. Den Bankdirektor Ludwig Sachs in Beuthen OSchl.
3. Frau Eva Becker, geborene Sachs, in Berlin, Lausitzerstraße.
4. Frau Lina Korytowski, geborene Sachs, in Berlin, Schleswiger Ufer No. 5.
5. Frau Johanna Metz, geborene Sachs, in Lissa i/Posen.

§. 2.

Ich besitze in Lissa ein Grundstück mit einem Vorder- und Hinterhaus und räume bezüglich desselben meinem Schwiegersohn, dem Kaufmann Metz zu Lissa i/Posen, das Vorkaufsrecht ein.

§. 3.

Zum Vollstrecker meines letzten Willens ernenne ich meinen Sohn, den Bankdirektor Ludwig Sachs in Beuthen OSchl. Ich ermächtige denselben insbesondere, alle zu meinem Nachlasse gehörenden ausstehenden Forderungen einschließlich der Hypotheken und Grundschulden, soweit er es für gut findet, behufs der Erbteilung einzuziehen, oder zu cedieren, darüber Prozesse zu führen, Zahlungen zu erheben und darüber zu quittieren.

§. 4.

Ich behalte mir Nachträge und Ergänzungen zu diesem Testamente vor, welches ich zum Zeichen der Genehmigung eigenhändig unterschrieben habe. Gleichzeitig bestimme ich, dass alle Aufzeichnungen, welche sich nach meinem Tode vorfinden und von mir eigenhändig ge- und unterschrieben sind, die gleiche Geltung haben sollen wie ein förmliches Testament.

Lissa i/Posen, den 25. Mai 1899

Juda Sachs«[15]

Der einzige Sohn von Juda und Friederike, Ludwig, der als Testamentsvollstrecker vorgesehen war, starb noch vor seinem Vater. Deshalb ernannte Juda nach dem Tode seines Sohnes in einem Nachtrag zum Testament von 1918 seinen Schwiegersohn Abraham Metz zum Testamentsvollstrecker. Kurz vor seinem Tode verfasste Juda ein neues Testament. Als er am 19. August 1920 starb, war aus den preußischen Lissa bereits im Januar 1920 durch den Versailler Vertrag, der den polnischen Nationalstaat wiederherstellte, erneut das polnische Leszno geworden. Bei der Testamentsvollstreckung beim Notar durfte Abraham Adolf Metz jedoch verlangen, dass seine Ernennung zum Testamentsvollstrecker und die Erbschaftsauseinandersetzung in deutscher Sprache abgehandelt wurden. Im Übrigen war der Notar in Leszno Georg Roll auch deutscher Herkunft, einer der wenigen Deutschen, die noch in der Stadt geblieben waren.

»Vor dem unterzeichneten, in Leszno wohnhaften Notar im Bezirk des Appellationsgerichtes zu Poznan Georg Roll erschien heute von Person bekannt und verfügungsfähig Herr Kaufmann Adolf Metz in Leszno wohnhaft. Derselbe erklärte:

Meine Muttersprache ist die deutsche. Ich beantrage Aufnahme folgender Verhandlung in deutscher Sprache.«[16] Die Erbschaftsvermögenserklärung erstellte Abraham dann bereits von Breslau aus, wohin er noch im Herbst ausgewandert war.

Erbschaftsvermögenserklärung für das Erbe von Juda Sachs von 1920:

»Grundstück:	25.000 (Mark)
Wertpapiere	10.000
Kostbarkeiten	1.000
Kleidungsstücke und Leibwäsche	500
Betten und Wäsche	300
Haus- und Küchengerät	1.000
zus.	37.800

ab Schulden	9.500
Nachlaß	28.300

Breslau, den 4. Dezember 1920
Opitzstr. 3
gez. Adolf Metz«[17]

Eine Erbschaft in dieser Höhe war für die damalige Zeit beträchtlich. Wie das Erbe dann von Polen nach Deutschland, wo inzwischen alle Kinder und Enkel von Juda Sachs wohnten, transferiert werden konnte, habe ich bis jetzt nicht aufklären können. Dr. Martin Sprungala, der über Wielkopolska forscht, hat mir zu dieser Frage folgende allgemeine Auskunft gegeben:

»Im Versailler Friedensvertrag wurde den Minderheiten in Polen, d. h. den Deutschen, worunter man auch die Juden zählte, das Recht eingeräumt deutsche Staatsbürger zu bleiben, d. h. man hatte die Wahl, damals Option genannt. Wer nichts machte, wurde automatisch polnischer Staatsbürger, sofern er seit dem 1.1.1908 in den Abtretungsgebieten lebte und gemeldet war. Dies bereitete vielen Probleme, die erst später zurückkamen, da sie in anderen Gebieten gelebt, studiert, gearbeitet hatten. Es gab keine Regelung, was mit den Ausländern geschehen sollte. Polen konnte sie tolerieren, machte das aber damals nicht. Alle Deutschen wollte man auf diese Weise loswerden. Die Zahlen sollen sich in den Jahren bis Ende der 1920er Jahre auf eine Million belaufen, die ausgewiesen wurden. Aber es gab auch Ausnahmen, so wie den Posener Generalsuperintendenten Dr. Paul Blau, den man nicht wagte auszuweisen.

Polen wollte ein reiner Nationalstaat sein, was aber angesichts seiner Kriegserfolge im Osten utopisch war, so waren etwa ein Drittel der Einwohner der II. Polnischen Republik Nichtpolen. Die Optanten mußten nicht zwangsweise Lissa verlassen, wurden aber in der Regel ausgewiesen, oder man machte ihnen das Leben schwer, so daß viele freiwillig gingen. Man spricht daher von Verdrängung, nicht von Vertreibung. [...]

Das Vermögen gehörte natürlich nach wie vor seinen Eigentümern. Aber Sie können sich vorstellen, wenn zigtausende schlagartig ihre Immobilien verkaufen mußten, was sie dann noch dafür bekamen. Daher gab es damals die sog. Tauscher. Man suchte einen Polen im Reichsgebiet, dessen Besitz dem eigenen vergleichbar war und tauschte ihn. Die Zeitungen müssen damals voll von solchen Anzeigen gewesen sein. Aktien und Wertpapiere waren kein Problem, sofern sie noch etwas wert waren. Kriegsanleihen sind nach einem verlorenen Krieg nur noch das Papier wert und Aktien nach der galoppierenden Inflation von 1923 und der folgenden Weltwirtschaftskrise auch nur noch ein Schatten ihres einstigen Wertes.«[18]

Das Schicksal der Nachkommen der Familie Sachs im Nationalsozialismus

Die Biographien der Kinder von Ludwig, Eva und Lina Sachs, die wie ihre Eltern alle in Berlin gelebt haben, konnte ich durch Recherchen in verschiedenen Berliner Archiven, den Registern des jüdischen Friedhofs in Weißensee und dem Berliner Entschädigungsamt fast vollständig aufklären.

Die Familie von Ludwig Sachs:
Ludwig Sachs starb schon 1918. Er hatte mit seiner Frau Jenny, geb. Bärwald, drei Töchter.

Die Ehefrau Jenny, ihre Tochter Erna und deren Ehemann Erich Schwenk wurden 1941 von Berlin aus ins Ghetto Lodz deportiert.

Jenny Sachs starb 1942 in diesem Ghetto.

Die älteste Tochter Erna (*1893) wurde im Vernichtungslager Chelmno / Kulmhof, wohin sie aus dem Ghetto Lodz verschleppt worden war, zusammen mit ihrem Ehemann 1942 ermordet.

Das Schicksal der Tochter Fritzi/Friederike (*1897) ist ungeklärt. Die jüngste Tochter Edith (*1904) emigrierte 1936 nach Israel und starb 1993 in Jerusalem.

Die Familie von Eva Sachs:
Eva Sachs und ihr Mann Julius Becker hatten fünf Kinder: Martin (*1891), Ismar (*1892), Herbert (*1892), Margarethe (*1894) und Fritz (*1896). Ismar und Herbert waren Zwillinge.

Ismar, Herbert und Margarethe wanderten mit ihren Ehepartnern und Kindern 1939 nach Shanghai aus und von dort aus 1948 nach Los Angeles.

Martin Becker wollte ebenfalls mit seinen Geschwistern nach Shanghai emigrieren, was ihm aber nicht mehr gelang. Er wurde 1941 von Berlin aus nach Minsk deportiert, wo er umkam. Er gilt als verschollen.

Fritz Becker emigrierte 1934 nach Jugoslawien, später nach Italien. Sein Schicksal in Italien ist ungeklärt. Er gilt ebenfalls als verschollen.

Die Familie von Lina Sachs:
Lina Sachs und ihr Mann Max Korytowski hatten drei Kinder: Betty (*1891), Kurt (*1893) und Margarethe (*1895).

Betty wurde 1937 als sog. Reichsfeindin in Berlin verhaftet und ohne Prozess in verschiedenen KZ interniert, zuletzt in Ravensbrück. Von dort aus wurde sie in ein Todeslager in Osteuropa verschleppt und 1943 ermordet. Das Todesdatum ist bekannt, nicht jedoch der Ort.

Kurt emigrierte mit seiner Frau 1938 nach Frankreich. Auf der Flucht vor der deutschen Wehrmacht kam er 1943 in der Dordogne durch einen Unfall ums Leben.

Margarethe starb 1926 an einer schweren Krankheit in Berlin.

Die Familie von Regina Becker:
Über das Schicksal dieser Familie habe ich bis jetzt am wenigsten herausgefunden. Reginas Ehemann Heinrich Becker starb 1920, wie bereits oben geschildert, an einem Verkehrsunfall. Regina starb 1936 an Herzschwäche in einem Altersheim in Biesenthal bei Berlin. Der einzige Sohn Martin Becker wanderte vor 1920 nach New York aus.

Jüdisches Leben in Leszno aus der Sicht jüdischer Autoren

Da Leszno mehrere Jahrhunderte lang einen hohen jüdischen Bevölkerungsanteil hatte und auch ein Zentrum jüdischer Gelehrsamkeit war, war das Leben in dieser Stadt auch ein interessantes Thema und Untersuchungsobjekt für jüdische Schriftsteller.[19] Es gibt einige sehr detaillierte Untersuchungen über das jüdische Alltagsleben in Lissa. Besonders bedeutsam sind zwei Berichte: die Memoiren des jüdischen Schriftstellers aus Leszno Ludwig Kalisch (1814–1882) »Bilder aus meiner Knabenzeit« von 1872[20] und die historische Studie von Louis Lewin (1868–1941) »Geschichte der Juden in Lissa« von 1904.[21] Beide Texte wurden in deutscher Sprache verfasst.

Ludwig Kalisch (1814–1882)

Ludwig Kalischs Urgroßvater Löb Kalischer war einer der »Weisen von Lissa«, d.h. einer der berühmten Rabbiner in der Stadt und Haupt des dortigen Lehrhauses.

Ludwig Kalisch studierte in Heidelberg und München Medizin und Sprachen. 1847 promovierte er zum Dr. phil. an der Universität Gießen.

Sein satirisches Talent bewies er als Herausgeber und Autor der Mainzer Karnevalszeitschrift »NARRHALLA«, die den Feudalismus und die Zensur aufs Korn nahm. Als Verfechter demokratischer und sozialreformerischer Ideen schloss er sich dem Mainzer Arbeiterbildungsverein und dem »Demokratischen Verein« an und gründete 1848 die Zeitung der »DEMOKRAT«. 1849 war er Sektionschef der provisorischen Regierung in der Pfalz.

Ludwig Kalisch (1814–1882)

Nach der Niederschlagung der Revolution flüchtete er noch 1849 nach Paris. Wegen seiner Aktivitäten in der 48er Revolution wurde er 1851 in Abwesenheit in Zweibrücken wegen Hochverrats zum Tode verurteilt. Er lebte bis zu seinem Tod in Paris, zeitweise auch in London, und verdiente sich seinen Lebensunterhalt als Journalist und Schriftsteller.

In Paris übersetzte er mehrere Opern- und Operettenlibrettos aus dem Französischen ins Deutsche, allein drei Operetten von Jacques Offenbach, darunter »Orpheus in der Unterwelt« (1858). Hier konnte er seine Erfahrungen mit Tragödien- und Opernparodien aus der Karnevalszeitschrift schöpferisch einbringen.

Seine schriftstellerischen Arbeiten zeichnen sich durch präzise Analysen von Menschen und sozialen Verhältnissen und das Engagement für die Armen und Entrechteten aus. Er sah es als seine Lebensaufgabe, sich für die Verständigung und Aussöhnung zwischen Juden und Nicht-Juden und zwischen Deutschen und Franzosen einzusetzen.

In »Bilder aus meiner Knabenzeit« beschreibt er seine Kindheit in Leszno Anfang des 19. Jahrhunderts in plastischen Szenen, worin er die jüdische Lebenswelt und ihr Zusammenleben mit der christlichen – polnischen und deutschen – Umwelt liebevoll, aber auch sehr kritisch beschreibt. Der Text erinnert mich sehr an den Roman von Karl Emil Franzos »Der Pojaz. Eine Geschichte aus dem Osten« (1893 geschrieben), in dem erzählt wird, wie der Protagonist im jüdischen Shtetl in Galizien gegen die Vorurteile seiner Glaubensgenossen kämpfen muss, weil er Schauspieler in Wien werden will. Wie Franzos schildert auch Kalisch die Enge der Welt sehr frommer Juden, die sich von ihrer Umwelt abkapselten. Es ist eine Welt, die schon langsam brüchig wurde und aus der die Jugend – wie er selbst auch – auszubrechen versucht. Für Kalisch war Moses Mendelssohn (1729–1786) die große Lichtgestalt, die die Zeit der jüdischen Aufklärung – die Haskala – einleitete, indem er die jüdische Bibel vom Hebräischen ins Hochdeutsche übersetzte und sich gegen Tendenzen zur Selbstisolierung der Juden gegenüber ihrer gesellschaftlichen Umwelt wandte.

»Das Licht, das Mendelsohn angezündet, drang doch durch manche Spalten und Ritzen«[22] auch nach Lissa und bewirkte dort zu allererst eine Umgestaltung der jüdischen Grundschulen, die sich für die weltliche Bildung öffneten und nicht mehr nur den Talmud unterrichteten. Nach Kalisch darf man aber »von Mendelsohns reformatorischem Wirken nicht sprechen, ohne Lessing's zu gedenken. [...] Nathan der Weise ist das Testament, in welchem der sterbende Lessing seinem Volke die schönsten und humansten Gefühle vermachte. Dieses Werk wurde die Lieblingslektüre der Juden. Darüber hat man sich freilich nicht zu verwundern; bemerkenswerth ist es aber, daß die Juden durch dieses Werk, in welchem ihre Sache so eifrig vertheidigt und gegen Glaubensvorurtheile so geist- und herzvoll gekämpft wird, selbst lernten, dem Vorurtheile zu entsagen und sich immer enger dem Culturprozess des deutschen Volkes anzuschließen.«[23]

Sein politisches Credo entwickelt er am Ende seiner «Bilder aus meiner Knabenzeit«:

»Man hat den Juden ihren kosmopolitischen Sinn vorgeworfen, als ob der Kosmopolitismus ein Verbrechen und nicht vielmehr das Ziel wäre, nach dem alle Völker streben müssten. Die Juden sind Kosmopoliten, weil sie eben unter allen Völkern zerstreut sind. Wo sie indessen politische Gleichberechtigung mit den Christen genießen, sind sie ebenso gute Patrioten wie diese; […] Die heutigen Juden glauben ebenso wenig als ihre Vorfahren, daß der Messias bereits gekommen. Aber die heutigen Juden erwarten nicht mehr, daß er auf einem Esel reitend kommen wird, um sie zu befreien und ins gelobte Land zurückzuführen. Sie erwarten keinen Extra-Messias für sich, sondern für die ganze Menschheit.«[24]

Louis Lewin (1868–1941)

Louis Lewin wurde in Znin in der damals preußischen Provinz Posen geboren und starb 1941 in Tel Aviv. Er verlebte seine Kindheit in Frankfurt am Main und studierte an den Universitäten Heidelberg und Berlin. 1892 promovierte zum Dr. phil. an der Universität Heidelberg. Seine Rabbinerausbildung absolvierte er am Rabbinerseminar in Berlin, wo er 1895 sein Examen machte.

Als Rabbiner war er zunächst in Hohensalza (polnisch: Inowrocław), dann von 1897–1905 in Pinne (polnisch Pniewy) tätig. Pinne gehörte damals zur preußischen Provinz Posen. In dieser Zeit machte er seine umfangreiche historische Forschung über die »Juden in Lissa«, die von der »Gesellschaft zur Förderung der Wissenschaft des Judentums« bei der Drucklegung gefördert wurde und 1904 in Pinne erschien.[25] Von 1925–1927 war er Direktor des »Rhedigerheims«, eines jüdischen Erziehungsheimes, in Breslau und zugleich Rabbiner an der Breslauer Abraham Mugdan Synagoge. Er arbeitete ebenfalls als Dozent am Jüdisch-Theologischen Seminar, war Berater des jüdischen Museums in Breslau und gehörte zum Redaktionskollegium der *Monatsschrift für Geschichte und Wissenschaft des Judentums.*[26] Nach der Pogromnacht 1938 wanderte er nach Palästina aus.

Lewins Studie über Leszno untersucht auf mehr als 400 Seiten die historischen, wirtschaftlichen, sozialen, alltagskulturellen und religionsgeschichtlichen Bedingungen des jüdischen Lebens in Leszno sowie die

Beziehungen der Juden zu den polnischen und deutschen Mitbürgern und dem polnischen und preußischen Staat. Er arbeitet in seiner Untersuchung die Deutschfreundlichkeit der Juden von Leszno trotz ihrer Diskriminierung auch unter preußischer Herrschaft deutlich heraus:

»Zu polnischer Zeit war Lissa neben Posen die einzige Gemeinde in Großpolen, wo [in jüdischen Schulen, d.V.] deutscher Unterricht erteilt wurde, der polnische in ganz geringem Maasse. Der Beginn der preußischen Herrschaft wurde sowohl 1793 als auch 1815 mit grosser Freude begrüsst. 1848 hielten die Lissaer Juden treu zur deutschen Seite.«[27]

Weiterhin schildert er, wie überschwänglich die Juden aus Leszno 1793 den preußischen König als neuen Landesherren begrüßten, weil sie sich von ihm eine rechtliche Gleichstellung erhofften:

»Am 15. Oktober 1793 zogen die Lissaer, die zu dem neuerworbenen Südpreussen seit der zweiten Theilung Polens gehörten, dem Könige Friedrich Wilhelm II. huldigend entgehen. Von der Judenschaft ritten dreissig Mann mit einem Rabbiner, in türkischen Gewändern blau und weiß gekleidet und mit türkischer Musik,[28] bis Alt-Laube ihm entgegen. Die Judenältesten wünschten ihm Gottes Segen, überreichten ein in Atlas gebundenes deutsches Gedicht und begleiteten ihn zur Stadt. [...] Wenn die Lissaer Juden an die politische Wendung der Dinge große Hoffnungen geknüpft hatten, so wurden ihnen diese meist zerstört. Die oberen Behörden hatten zwar den Willen, die ökonomische Lage der südpreussischen Juden zu verbessern, und die geordneten staatlichen Verhältnisse verliehen ihnen eine erhöhte rechtliche Sicherheit und brachte sie einer höheren Cultur näher, im Einzelnen aber wurde wenig gebessert. Die Unterthanenschaft der Lissaer Juden gegenüber der Grundherrschaft[29] hörte nicht auf; sie hatten nur doppelte Lasten zu tragen. [...] Die Vermögenden konnten durch Zahlung einer Steuer ›Schutzjuden‹ werden – 1798 zählte man ihrer 133 – die weitaus überwiegende Mehrzahl war nur ›geduldet‹. [...] Die Freizügigkeit aber wurde ihnen genommen und ›ausländischen‹ Juden der Zuzug verboten und nur in seltenen Ausnahmen gestattet. [...] Ängstlichkeit und Misstrauen waren die leitenden Beweggründe für ihre Behandlung. Die Formalitäten beim Judeneide waren mindestens so entehrend wie die in Lissa zu polnischer Zeit üblichen.«[30]

Lewin wägt hier in differenzierter Weise die Vor- und Nachteile ab, die die polnische und die preußische Herrschaft für das Leben der Juden in der Provinz Posen bedeutete, wobei trotz aller Einschränkungen die Hoffnung blieb, unter deutscher Herrschaft – dem Land, das Kant, Lessing, Schiller und eine bedeutende Aufklärungsbewegung hervorgebracht hatte – die vollständige Emanzipation zu erlangen.

Das Leben in Leszno war über Jahrhunderte sehr bunt: Polen, Deutsche, Tschechen, Juden (aus Deutschland und Polen), auf religiöser Ebene: Katholiken, Böhmische Brüder, Reformierte, Lutheraner, Altlutheraner und jüdische Gläubige lebten eng miteinander. Man lebte in einer kulturell sehr verschiedenartigen Umwelt und die Juden mussten, um dort bestehen zu können, eine große Offenheit für ganz andere Traditionen in ihrer unmittelbaren Nachbarschaft entwickeln.

In der Geschichte der Stadt gibt es viele Beispiele eines gelungenen Miteinanders im Sinne einer gelebten Toleranz und Einheit in der Vielfalt, aber auch viele Beispiele, wo vor allem die wirtschaftlichen und sozialen Konflikte von interessierter Seite ideologisch »aufgerüstet« und zum Sprengstoff wurden. Lehrreich ist für mich, wie schnell tolerante in intolerante Zeiten umschlagen konnten und können, wenn – immer auch vorhandene – Ressentiments systematisch geschürt werden.

Die Herrschaftsverhältnisse in Leszno

Die Herrschaftsverhältnisse in der Stadt müssen im Kontext der polnischen Teilungen gesehen werden. Heiko Haumann fasst diese Entwicklung kurz folgendermaßen zusammen:

»1772, 1793 und 1795 wurde das Großreich Polen-Litauen Stück für Stück unter den Mächten Preußen, Österreich-Ungarn und Rußland aufgeteilt. Ein selbständiger polnischer Staat existierte bis zum Ende des Ersten Weltkrieges nicht mehr. Der Wiener Kongreß von 1815 legte die endgültigen Zuteilungsgrenzen fest: Preußen erhielt West-Preußen und die Provinz Posen, Österreich Galizien [...], Rußland Litauen sowie Ost- und Zentralpolen. Während die zaristische Autokratie den Gürtel von Litauen über Weißrußland und die Ukraine bis zum Schwarzen Meer annektierte, bildete sie aus dem Rest das mit dem Zaren in Personalunion verbundene Königreich Polen, das unter Anspielung auf seine Entstehung auch Kongreß-Polen genannte wurde.«[31]

Die Herrschaftsverhältnisse in Leszno 1393–1945

1393	Älteste urkundliche Erwähnung des Dorfes Leszno
1547	Der polnische Grundherr Graf Rafael III. Leszczyński mit Sitz in Leszno erwirkt vom polnischen König Sigismund I. das Recht, eine Stadt zu gründen und zu bauen. Leszno erhält eine städtische Ordnung nach dem Magdeburger Stadtrecht.
1738	Der von Schweden und Frankreich unterstützte polnische »Gegenkönig« zu August III. von Sachsen: Stanislaus I. Leszczyński (1677–1766) verkauft seine Besitzungen einschließlich Leszno an den polnischen Fürsten Alexander Jozef Sulkowski (1695–1762). Stanislaus I. war 1734 zum zweiten Mal ins Exil nach Frankreich gegangen.
1793	Zweite polnische Teilung: Preußen annektiert Großpolen (polnisch Wielkopolska), das westliche Masowien, Danzig und Thorn. Großpolen wird zur »Provinz Südpreußen« und Leszno heißt jetzt Lissa.
1807–1813	In der Napoleonischen Zeit ist Lissa Teil des »Großherzogtums Warschau«.
1815–1830	Nach dem Wiener Kongress wird Lissa wieder ein Teil Preußens. Die Provinz heißt jetzt »Großherzogtum Posen«.
1849	Umbenennung des Großherzogtums Posen in die preußische »Provinz Posen«.
17.01.1920–1939	Die Provinz Posen, jetzt wieder ein Teil von »Wielkopolska« (Großpolen), wird durch den Versailler Vertrag ein Teil des wieder erstandenen polnischen Nationalstaates und Lissa wieder die polnische Stadt Leszno.
1939–1945	Polen wird durch Nazideutschland okkupiert. Die Stadt heißt jetzt wieder Lissa. Die alte Provinz Posen wird mit einigen Gebietsveränderungen zum Reichsgau »Wartheland« bzw. zum »Warthegau« und erhält den Status eines Teiles des Deutschen Reiches.
1945	Lissa/Leszno wird wieder polnische Stadt.

Bevölkerungsentwicklung in Leszno nach Religion, Konfession und Nationalität

Im Selbstverständnis der Bevölkerung spielte das religiöse Bekenntnis bis zur Mitte des 19. Jahrhunderts, als sich die nationalistischen Bewegungen verstärkt entwickelten, eine größere Rolle als die nationale Zugehörigkeit. Auch die amtlichen Statistiken in der Provinz Posen schlüsselten bis zu Beginn des 20. Jahrhunderts die Bevölkerung nur nach ihrer Religionszugehörigkeit auf.

Die jüdische Bevölkerung war zu Beginn der preußischen Zeit 1793 fast so groß wie der protestantische Teil der Bevölkerung. Bis 1909 waren dann die Protestanten die größte Bevölkerungsgruppe: Lutheraner, Altlutheraner, Reformierte, Böhmische Brüder. Unter diesen waren die Deutschen in der Mehrheit, aber es gab auch polnische und tschechische Protestanten. Die Katholiken waren meistens Polen.

Die nachfolgende Tabelle ist aus mehreren Quellen zusammengestellt. Die vorhandenen Statistiken erfassen leider die Religionszugehörigkeit nur unvollständig.

Tabelle zur Religions- und Konfessionszugehörigkeit der Einwohner von Leszno 1650–1945[32]

Jahr	Einwohner insgesamt	Katholiken	Protestanten	Juden
1650	14.000			
1767	7.249	1.079	2.910	3.260
1770	9.642	1.052	4.990	3.600
1793	6.820	734	3.095	2.991
1847	10.031	1.892	4.832	3.307
1860	10.410	2.157	4.837	2.464
1890	13.116	4.675	7.089	1.347
1905	16.021	6.482	8.543	996
1909	16.021	7.310	7.548	1.163
1910	17.156	7.829	8.525	802
1920	17.333			500
1922	18.317			200
1939	21.300	19.500	1.600	200
1945	21.000	12.500	8.000	0

Die großen Bewegungen in der Statistik der Konfessionen in der Stadt Leszno hängen zunächst mit der bereits beschriebenen Einwanderungspolitik der Grafen v. Leszczyński zusammen, die die Einwanderung von deutschen Protestanten und Juden für die Stadtentwicklung förderten. Die geringe Zahl der – meist polnischen – Katholiken in der Stadt hängt wiederum mit dem Fehlen eines polnischen Mittelstandes zusammen, der sich nur sehr langsam entwickelte, weil sich der niedere polnische Adel gegen notwendige gesellschaftliche Reformen sperrte. Die Mehrheit der polnischen Katholiken in der Provinz Posen waren arme Bauern oder Tagelöhner und lebten in Abhängigkeit von den polnischen Grundherren, Adel und Klerus, auf dem Lande. Die Stadtbevölkerung in der Provinz Posen war von Anfang an überwiegend deutsch und jüdisch. Die Polen in den Städten gehörten mehrheitlich der Unterschicht an. Erst ab 1900 gab es dort auch eine bedeutendere polnische städtische Mittelschicht.

Die Wanderungsbewegung der Juden wiederum war abhängig von ihrer rechtlichen und wirtschaftlichen Lage. Als endlich alle Juden, nicht nur die «naturalisierten«, 1848 in der preußischen Provinz Posen die völlige Freizügigkeit bekamen und nach Westpreußen und anderen deutschen Ländern emigrieren konnten, wanderten, wie schon oben ausgeführt, viele von ihnen in das westliche Deutschland aus.

Ab Mitte des 19. Jahrhunderts zeigte die preußische Regierung Bestrebungen, die Provinz Posen durch den planmäßigen Zuzug von Deutschen zu germanisieren. Dafür wurde in Posen eine »Königliche Ansiedlungskommission« eingerichtet, die um deutsche, vorwiegend protestantische Ansiedler mit Erfolg warb. Durch den Zuzug von Verwaltungsbeamten, Lehrern, Kaufleuten und Handwerkern in den Städten, aber auch von Gutsbesitzern und Neusiedlern auf dem Lande wuchs der Anteil der deutschen Bevölkerung beträchtlich.

Im Dezember 1918 begann in der Provinz Posen der Aufstand der polnischen Bevölkerungsmehrheit gegen die deutsche Herrschaft. Im Februar 1919 gab es einen Waffenstillstand und im Juni 1919 unterzeichnete die deutsche Regierung den Versailler Vertrag, mit dem die Provinz Posen an das neu gegründete Polen abgegeben wurde. Das Abkommen zwischen Deutschland und Polen über die Übergabe der abzutretenden Gebiete wurde am 10. Januar 1920 ratifiziert. Im Versailler Vertrag wurde zwar der Schutz der Minderheiten in Polen, der Ukrainer, Deutschen und Juden verankert, aber das entsprechende polnische Gesetz im Sejm nie verabschiedet. Die polnische Politik in der Zwischenkriegszeit wurde weitgehend von Nationalisten bestimmt, die die Minderheiten gerade nicht schützen wollten. Deshalb emigrierten von den zwei Millionen Deutschen in Polen zwischen 1920–1939 etwa eine Million.

Auch in Leszno wanderte 1920 die Mehrheit der Deutschen, gerade auch der jüdischen Deutschen, die fast ausnahmslos bei der Abstimmung für Deutschland optiert hatten, aus der Stadt aus. Von daher erklärt sich die starke Zunahme ab 1920 der vorwiegend polnischen Katholiken und die starke Abnahme der vorwiegend deutschen Protestanten und deutschen Juden.

Einwohner von Leszno nach ethnischer und religiöser Herkunft: 1920–2014 [33]

Jahr	Einw.	Polen	in%	Deutsche	in%	Juden	in%
1920	17.333	12.379		4.445		505	
1928	18.317	17.223		933		161	
1939	21.300		91		8	200	1
1945	21.000					0	
2014	64.000					0	

In der Stadt Leszno gab es 1939, als die Wehrmacht in Polen einfiel, verglichen mit den Zahlen der Vergangenheit, nur noch wenige Deutsche (8%), meist Protestanten, und nur noch 200 (1%) Juden, die später alle dem Holocaust zum Opfer fielen. In anderen Gebieten Großpolens, ehemals Provinz Posen, war dagegen der Anteil der Juden noch sehr groß.

Die Nationalsozialisten bezeichneten dieses Gebiet (in das jetzt u.a. auch die Region Lodz eingeschlossen wurde) als »Reichsgau Wartheland« oder auch »Warthegau«. Der »Reichstatthalter« Anton Greiser wollte den Warthegau zu einem ethnisch reinen deutschen Mustergau machen und deportierte deshalb über 800.000 Polen und alle Juden in mehreren Wellen vor allem in das sog. Generalgouvernement, das im SS-Jargon als »Abfalleimer Polens« bezeichnet wurde.

Stattdessen wurden die sog. Volksdeutschen, u.a. aus dem Baltikum, Wolhynien und Bessarabien, die auf der Grundlage des Hitler-Stalin-Paktes 1940 aus dem sowjetischen Herrschaftsgebiet ausgesiedelt wurden, im Warthegau angesiedelt, um die Germanisierung der Region durchzusetzen. Dieser brutale Bevölkerungsaustausch schon 1939/40 und der Holocaust machten den Warthegau bald zu einem »Herz der Finsternis«. Nach 1945 wurden die restlichen Deutschen, die 1945 bei Kriegsende nicht geflohen waren, aus Leszno vertrieben.

Heute ist Leszno, früher einmal »Stadt der Andersgläubigen«, durch die historischen Verwerfungen zweier totalitärer Regime eine weitestgehend ethnisch und religiös homogene polnische katholische Stadt.

Autonomie der jüdischen Gemeinde unter dem prekären Schutz der polnischen Grundherren bis 1793

Im Mittelalter galt Polen unter den Juden zeitweise als ein »Paradies«, wie dies im 2014 eröffneten »Museum der polnischen Juden–POLIN« in Warschau zu Recht betont wird. »Polin« klingt ähnlich wie hebräisch »Bleib da« – פה חוניל.

1264 hatte Boleslaw der Fromme in Polen ein Judenstatut erlassen, das die Juden unter den unmittelbaren Schutz des Königs stellte, ihnen ihr Leben, ihr Eigentum, ihre persönliche Freiheit und Freiheit des Handels, die Unverletzlichkeit der Synagogen und Friedhöfe und Schutz vor Ritualmordbeschuldigungen zusicherte.[34] Zugleich wurde den jüdischen Gemeinden eine weitgehende Autonomie in der Verwaltung und eine eigene Gerichtsbarkeit zugestanden. Aus diesen Gründen wanderten damals viele Juden aus Deutschland und anderen Ländern Europas wegen der dortigen Judenverfolgungen nach Polen aus.

Als die Zentralgewalt des Königs wegen des Erstarkens des polnischen Adels – der Szlachta – ab dem 16. Jahrhundert zerfiel, vergaben auch adlige Grundherren wie die Leszczyńskis Privilegien an die Juden und traten als Schutzherren für deren Leben, wirtschaftliche Tätigkeit und Vermögen auf. In Leszno vergab Rafael V. Leszczyński der jüdischen Gemeinde 1626 ein Sonderprivileg, das die Beziehungen zwischen der Gemeinde, dem Magistrat und den Grundherren regelte. Die Juden bekamen darin das Siedlungsrecht in einem Stadtteil, in dem sich auch das Schloss der Grafen Leszczyńskis befand, und die Genehmigung, eine Synagoge zu bauen und einen Friedhof anzulegen. Das Land für den großen Friedhof (2,7 ha) schenkte ihnen der Graf. Außerdem gewährte man ihnen Autonomie in der Verwaltung und Gerichtsbarkeit. Lewin beschreibt das in seiner Studie über Leszno folgendermaßen:

»Die Judenschaft war politisch von der Bürgerschaft völlig getrennt und bildete eine eigene Commune mit eigenen Rechten und besonderer Verwaltung, die bis herab zum eigenen Nachtwächter sich erstreckte. [...] Ein Haftbefehl des Rathes gegen einen Juden bedurfte grundherrlicher Zustimmung und wurde nur erlassen, wenn es sich um städtische Angelegenheiten handelte.«[35]

Die Schutzfunktion des Grundherrn gegenüber den Juden bedeutete aber zugleich auch Abhängigkeit von ihm, wie Lewin es weiter beschreibt:

»Der Erbherr auf Lissa bildete die Quelle jeglichen Rechts sowohl für die gesamte Gemeinde als auch für den einzelnen. Er war fast vollständig souverän, erteilte die Jurisdiktion an Ältestete und Rabbiner, in die er als Appellationsinstanz auch korrigierend eingriff, Genehmigung von Stiftungen, Consens zu Anleihen, zur Begründung eines Geschäftes und zur Eheschließung. Er verlieh das Niederlassungsrecht, die Privilegien, genehmigte die Wahlen zu allen Ehren- und Berufsstellen innerhalb der Gemeinde bis herab zum Cantor, bestätigte die Gemeindestatuten und verfügte Strafen, selbst die Todesstrafe.«[36]

Allerdings waren die Leszcyńskis Grundherren, die bei Konflikten zwischen jüdischen und christlichen Bürgern in der Stadt oft gerecht zu urteilen versuchten:

»Die Grafen Leszczyński, deren letzter, Stanislaus, der unglückliche König von Polen und Herzog von Lothringen war, waren milde und gerechte Herren. Aus anderen Gegenden kamen Juden nach Lissa, weil sie hier von der Grundherrschaft tolerant behandelt wurden und Ansehen genossen. Dass sie die Juden gegenüber den Bürgern oft hintan setzten, lag im Zuge der Zeit.«[37] Anders das Geschlecht der Grafen von Sulkowski, die 1737 Grundherren von Leszno wurden. Sie hatten nur ein fiskalisches Interesse an den Juden wegen deren besonders hohen Steuerabgaben und zwangen sie, ihnen große Mengen Geld zu leihen, das sie nicht mehr zurückzahlten.[38] Dies ist auch ein Hinweis darauf, wie stark die Behandlung religiöser Minderheiten von der Person einzelner Adliger und deren Geisteshaltung abhing.

Dass die Juden besonders hohe Steuern zahlen mussten, nur weil sie Juden waren, zog sich allerdings durch die Geschichte der Juden in Leszno durch die gesamte polnische und preußische Zeit bis zur Revolution von 1848. Zu allen Zeiten hatten die Fürsten ein Interesse daran, sie wegen ihres Andersseins abzukassieren und sich ihre Schutzfunktion teuer bezahlen zu lassen.

Lewin widmet in seiner Untersuchung dem Kapitel Steuerlasten ein eigenes langes Kapitel (19 Seiten), in dem er alle möglichen Steuern für die Juden, auch die absurdesten und kuriosesten, nacheinander aufzählt und näher beschreibt.

Es gab zu allen Zeiten vier große Gruppen von Steuern: Staatssteuern, städtische Steuern, Abgaben an die katholische Kirche und Klöster und Dominialsteuern an die adligen Grundherren. Hier nur ein Ausschnitt darüber, was die Lesznoer jüdische Gemeinde allein an Dominialabgaben an den Grundherren von Leszno ab 1703 zu zahlen hatte:

»1703 bis 1706 wurden jährlich 4.000 Gulden Schillinge an die Grundherrschaft gezahlt. Unter den Sulkowskis erhöhten sich die Dominialabgaben bedeutend und betrugen an direkten Leistungen für Schutz seitens der Gemeinde 1738: 8000 Gulden jährlich. Die Totaleinnahme des Dominiums bezifferte sich in Wirklichkeit noch viel höher, indem Verheiratungssteuer, Branntweinabgaben, Zins der Kürschner, der für einen jeden 4 Gulden jährlich betrug, Consensgeld für Einmiethung in einem christlichen Hause seit 1762, Steuer für den Kauf christlicher Häuser, wobei 40 (!) von Hundert des Wertes gezahlt wurde, Strafgelder aus der Zunftkasse u.a. dazukamen. Diese Einnahmen wurden 1747 auf 35000 Gulden […] geschätzt […]. 1793 zahlten die Juden mehr als das dreifache als die Christen […].[39]

Auch unter preußischer Herrschaft mussten die Juden weiterhin Extrasteuern an die polnischen Grundherren zahlen. Erst 1852 wurden die Juden von diesen Steuerlasten befreit, mussten aber den Sulkowskis dafür ein hohes Dominial-Ablösegeld zahlen.

In der preußischen Zeit ab 1793 zahlten die Juden keineswegs weniger, sondern sogar noch mehr Steuern, weil vor allem die Staatssteuern erhöht wurden.

Da die jüdische Gemeinde selbst viele Ausgaben hatte – vor allem, solange sie in der Verwaltung und Gerichtsbarkeit autonom war – erhob sie selbst auch Steuern. Hier soll nur eine besonders ungewöhnliche zitiert werden:

»Die SCHLACHTSTEUER, Krupka, bestand seit Begründung der Gemeinde und betrug 1770 für Grossvieh 12 Gulden, wobei für den Fall, dass es rituell unbrauchbar sich erwies, vier Gulden zurückerstattet wurden, für Kleinvieh 2 Gulden, Gans 10 Groschen, Huhn 3 Groschen, Puthe 20 Groschen.«[40] Diese Steuer ist auch ein Zeichen dafür, wie ernst das koschere Essen, vor allem das Essen von koscherem Fleisch genommen wurde. Wenn z.B. das Messer des Schächters nicht scharf genug war und das Tier unnötig leiden musste, war das Fleisch rituell unbrauchbar und sein Genuss nicht gestattet.[41]

Welche Funktion sollten die Juden, abgesehen von ihrem Beitrag zu einem möglichst hohen Steueraufkommen, aus der Sicht der polnischen Grundherren von Leszno einnehmen?

Heiko Haumann nennt in seinem Grundsatzwerk über die »Ostjuden« die »Mittlerfunktion zwischen Stadt und Land« als Hauptfunktion der Juden im 17. und 18. Jahrhundert in Polen: »Gerade in der Wiederaufbauphase nach den zahlreichen Kriegen und Verwüstungen waren die Juden in Polen unersetzlich als Händler zwischen Adel, Bauern und Städtern, als ›Dorfgeher‹ – also Hausierer –, als Geldgeber, als Geschäftsabwickler für Adlige wie für Bauern […].«[42] Die vielen jüdischen Kleinhändler kauften die Produkte der Bauern auf und brachten sie auf die lokalen städtischen Märkte. Die vergleichsweise wenigen Großhändler verkauften die landwirtschaftlichen Produkte wie Getreide, Wolle, Tierfelle, Holz, Federn, Hanf und Honig usw. auf den bedeutenden Messen des In- und Auslandes. Zugleich importierten sie die im Inland nicht produzierten Waren und verkauften sie an die städtische und ländliche Bevölkerung.

In dieser Rolle als Mittler zwischen Stadt und Land im Wirtschaftskreislauf waren sie zugleich angreifbar, weil sie bei den ökonomischen und sozialen Konflikten zwischen Adel und Bauern zwischen die Fronten gerieten und von den polnischen Bauern zum Teil als Werkzeuge des Adels betrachtet wurden. Die katholische Kirche heizte die Konflikte häufig noch durch judenfeindliche Propaganda im Zuge ihrer gegenreformatorischen Aktivitäten auf.

Zwischen West- und Ostpolen gab es jedoch schon vor den polnischen Teilungen große Unterschiede in der Sozialstruktur. Während die Magnaten in Ostpolen riesige Güter besaßen, überwog in Wielkopolska (Großpolen), also auch auf dem Gebiet der späteren Provinz Posen, der mittlere Adel, der nur kleinere und mittlere Güter besaß, die sie oft selbst verwalteten und nicht wie im Osten des Landes von jüdischen Gutsverwaltern, den sog. Faktoren, bewirtschaften ließen. Auch war der Grad der Verstädterung in Westpolen weit höher.

Zugleich zeigt u. a. das Beispiel der Stadt Leszno, dass die Juden, wenn man es ihnen gestattete, nicht nur im Handel, sondern auch im Handwerk sehr erfolgreich waren. Obwohl den Juden von den polnischen Grundherren der Schutz ihrer wirtschaftlichen Tätigkeit versprochen wurde, gab es immer wieder neue Einschränkungen. Sowohl die Kaufmannsbrüderschaften als auch die Handwerksinnungen der Christen schlossen die jüdischen Händler und Handwerker aus ihrem Kreis aus, um die Konkurrenten auszuschalten. Die Juden bildeten deshalb, wie schon vorher erwähnt, eigene Zünfte. Es gab in Leszno in der polnischen Zeit jüdische Innungen der Schneider, Kürschner, Posamentierer, Goldschmiede, Goldsticker, Schlosser, Gerber, Fleischer, Bäcker und selbst eine der jüdischen Musiker.[43] In Leszno waren die Juden in fast allen Handwerksberufen aktiv. Jüdische Frauen und Mädchen klöppelten Spitze nicht nur für den Hausgebrauch, sondern auch für den Verkauf.

Die Bemühungen der christlichen Handwerker und Händler, polnischer und deutscher, den Geschäftsspielraum der Juden in Leszno einzuschränken, rissen über die Jahrhunderte hinweg nicht ab. Lewin beschreibt sie in seiner Untersuchung in mehreren Kapiteln. Die christlichen Zünfte verlangten von den Grundherren immer wieder neue Verordnungen, um die jüdische Konkurrenz zu schwächen. So forderten sie z. B., dass die Juden an Markttagen erst zwei Stunden später als die Christen ihre Waren anbieten oder auch Waren aufkaufen dürften; die jüdischen Hutmacher sollten ihre Hüte ausschließlich auf Jahrmärkten feilbieten und die jüdischen Schneider sollten auf den Jahrmärkten nur alte (!) und keine neuen Kleider verkaufen. Die jüdischen Bäcker wiederum sollten nur Brot und keine Kuchen backen, vor allem nicht den offenbar besonders beliebten Butterkuchen.[44]

In sehr vielen Fällen gab der Grundherr den Forderungen der christlichen Handwerker und Händler nach. Wenn aber die wirtschaftliche Drangsalierung der Juden zu heftig wurde, verteidigte der Grundherr auch die Rechte der Juden. Hier ein Beispiel aus dem Jahre 1710:

»Das genannte Privilegium des Königs Stanislaus Leszczyński vom 14. März 1710, das durch inständige Bitten der Juden und Klagen über erlittenes Unrecht veranlasst war, bestätigt die älteren Judenprivilegien, schützt ihren Handel, gestattet ihnen die Einfuhr von fremden Bier, wenn sie durch glaubwürdige Zeugen nachweisen, dass es ein Geschenk oder zu Hochzeiten und dergleichen bestimmt sei, und die Ausfuhr von Tüchern zum Färben, besagt, dass sie auch bei Christen zum Vergnügen und bei freudigen Gelegenheiten musicieren dürfen, ausgenommen bei christlichen Hochzeiten und Taufen, dass ihre Kürschner und Mützenmacher sowie alle ihre Handwerker ihre Produkte auf Jahrmärkten in offenen Städten besonders in Schmiegel verkaufen dürfen [...].«[45] Offensichtlich waren die jüdischen Musiker auch bei den Christen sehr beliebt, aber man wollte sie von speziell christlichen Feiern fernhalten.

Wenn man nun allerdings glaubt, dass damit die Forderungen der christlichen Handwerker und Händler zur Schädigung der Juden ein Ende hatten, wird man enttäuscht. Vielmehr ging dieser Prozess und das Tauziehen um Konkurrenzvorteile für die Christen immer weiter, obwohl in der preußischen Zeit für Juden mehr Rechtssicherheit existierte.

Wie in ganz Polen nahm auch in Leszno die Schutzfunktion des polnischen Hochadels gegenüber den Juden gegen Ende des 18. Jahrhunderts, auch unter dem Einfluss der gegenreformatorischen Aktivitäten der katholischen Kirche, zunehmend ab. Verarmte Adlige sahen unter den Bedingungen wirtschaftlicher Krisen in den wohlhabenden Juden jetzt auch Konkurrenten.

Zur Ambivalenz der Haltung der Polen gegenüber den Juden bemerkte der jüdische Aufklärer Salomon Maimon (1753–1800), ein Freund von Moses Mendelssohn, am Ende des 18. Jahrhunderts: »Es gibt vielleicht kein anderes Land außer Polen, wo Religionsfreiheit und Religionshaß so im gleichen Grade anzutreffen wären. Die Juden genießen da eine völlig freie Ausübung der Religion […], haben sogar eine eigene Gerichtsbarkeit. Von der anderen Seite aber geht der Religionshaß so weit, daß der Name Jude zum Abscheu wird […].«[46]

Judenemanzipation »von oben« – als Erziehungsprogramm: die preußische Zeit 1793–1920

Ich gehe hier auf die kurze Periode des Großherzogtums Warschau (1807–1813) in der Napoleonischen Zeit nicht ein, weil sie für die Juden keinen Fortschritt in der Emanzipation brachten. Zunächst wurde die Gleichberechtigung proklamiert, dann aber von Napoleon für die folgenden zehn Jahre durch das »Décret infâme« zurückgenommen. Dieses Dekret war von Gegnern der Gleichstellung der Juden durchgesetzt worden und galt für Frankreich wie für das Herzogtum Warschau.[47]

Die preußische Politik gegenüber den Juden in der neu dazu gewonnenen Provinz Posen ab 1793 wird sowohl von den damaligen jüdischen Zeitgenossen als auch in der aktuellen historischen Forschung als sehr ambivalent beschrieben.

Unmittelbar nach der ersten Teilung Polens 1772 wollte Friedrich II. nur die reichen jüdischen Händler in den eroberten Gebieten des sog. Netzedistriktes behalten und fördern. Die armen Juden sollten nach Polen ausgewiesen werden. Friedrich II. wollte trotz seiner Äußerungen über religiöse Toleranz »das Kroppzeug nicht haben«.[48]

Durch die Aufklärungsbewegung mit ihren Ideen von Humanität, Menschenrechten und Toleranz war jedoch die Frage der rechtlichen Gleichstellung der Juden in Preußen ein wichtiger Auseinandersetzungspunkt geworden. Allerdings konnten sich die preußischen Herrscher und ihre Regierungsbeamten nur eine Judenemanzipation »von oben« vorstellen. Die Politik der schrittweisen Gleichstellung der Juden war als Erziehungspolitik gegenüber den Juden konzipiert, nach der diese erst einen langsamen Prozess der »bürgerlichen Verbesserung« – so der damalige Begriff [49] – durchlaufen müssten, bevor sie gleichberechtigt in das preußische Staatswesen aufgenommen werden könnten.

Ausdruck dieses Erziehungsprogramms war das 1797 verabschiedete »General-Juden-Reglement für Süd- und Neuostpreußen«. Es brachte den Juden keine politischen Rechte, sollte aber ihre wirtschaftliche und soziale Lage verbessern. Dazu gehörte neben der Neuordnung des Schulwesens auch der Plan, die Juden durch eine Berufsumschichtung – weg von den Handelsberufen – zu »produktivieren« und so die Juden wirtschaftlich und sozial zu »heben«. Hierauf zielten auch spätere Verordnungen, die durchsetzen sollten, dass möglichst alle jüdischen (männlichen) Jugendlichen eine Lehre machten, wenn sie nicht weiterführende Schulen besuchten.

Von der Aufklärung beeinflusste preußische Regierungsbeamte hatten häufig keine religiösen Vorurteile gegenüber den Juden und wollten aus diesen langfristig loyale Staatsbürger mit gleichen Rechten und Pflichten machen, wenn diese gleichzeitig auf ihre kulturelle Eigenständigkeit und ihre alten Autonomierechte verzichteten. So hielt der für Südpreußen zuständige Minister von Voß die Politik gegenüber den Juden in Posen für besonders wichtig, weil »gegenwärtig fast aller Handel in ihren Händen, eine Menge Handwerker aller Art unter ihnen, und im Ganzen genommen der Jude in Südpreussen ein kultivierterer Mensch, als die Bürger in kleinen Städten und der Bauer auf dem platten Land ist. […] Und ich halte dafür, daß diese Nation der Verbesserung sehr wohl fähig sein, ihre Glieder auch zu nützlichen Staatsbürgern gemacht werden können.«[50]

Sophia Kemlein bezeichnet dieses Emanzipationsmodell als »aufgeklärt-etatistisch«:

»Die Juden sollten sich in Sprache, Sitten und Wertvorstellungen ihrer christlichen Umwelt assimilieren – das hieß in der Vorstellung der Regierenden: mit ihr verschmelzen, in ihr aufgehen – bevor ihnen die staatsbürgerlichen Rechte gewährt wurden. Die rechtliche Emanzipation nahm den Charakter einer Belohnung für die Fortschritte bei der Assimilation an.«[51] Die Juden in der neuen Provinz Posen wurden deswegen, verglichen mit den Juden in den alten preußischen Provinzen, auch auf rechtlicher und ökonomischer Ebene weit restriktiver behandelt. Sie galten in den Augen der preußischen Regierungsbeamten als weniger fortgeschritten, außerdem fürchtete man den – verglichen mit den alten preußischen Provinzen – größeren Bevölkerungsanteil der Juden in der Provinz Posen (5,4% von der Gesamtgesellschaft).[52] Und noch mehr fürchteten sie den Zuzug weiterer Juden aus Ostpolen nach Posen, weshalb dieser 1793 gleich radikal eingeschränkt wurde.

Die Aufklärung hatte für die Juden also ein doppeltes Gesicht: einerseits das Versprechen auf Emanzipation und gleichzeitig der Druck, wenn nicht gar Zwang, jüdische Eigenständigkeit und Kultur aufzugeben. Jacob Jacobson, selbst Jude, beschreibt die Ambivalenz der preußischen Judenpolitik in Posen folgendermaßen: »Das im Jahr 1797 erlassene Generaljudenreglement für Süd- und Neuostpreußen, geboren aus dem Geist der Aufklärung, ein Gemisch von Reform- und Reglementierungseifer, suchte bestehende Mißstände auszumerzen und durch gesunde Berufsverteilung und Erziehung die Masse der Juden sozial zu heben und dem Staat nützlich zu machen. Das Reglement schreckte aber auch vor Eingriffen in alte Gewohnheiten und Rechte nicht zurück und hob z.B. die rabbinische Gerichtsbarkeit auf [...].«[53]

Eine Analyse der preußischen Judenpolitik ist auch deshalb interessant, weil es auch heute gegenüber Migranten und Asylanten aus anderen Nationen, Religionen und Kulturen eine Politik gibt, die ein »Gemisch aus Reform- und Regulierungseifer« darstellt. Damals wie heute stellt sich die Frage, welche Forderungen an diese Menschen im Interesse einer Integration in ein funktionierendes – heute: demokratisches – Gemeinwesen berechtigt sind und welche Forderungen problematisch sind, weil sie auf der falschen Idealvorstellung eines homogenen Staates beruhen, der prinzipiell negativ gegenüber Partikularität und Differenz eingestellt ist. Die in der polnischen Zeit vorhandene Autonomie der jüdischen Gemeinde, wie eingeschränkt und unvollkommen auch immer, begünstigte die Existenz einer »Parallelgesellschaft«, wie es heute heißt. Einsichtig ist, dass ein moderner Staat für alle Staatsbürger eine gemeinsame rechtliche Grundlage für alle Staatsbürger braucht und von daher autonome Inseln in der Verwaltung und Gerichtsbarkeit als Hindernis betrachtet. Problematisch an der preußischen Judenpolitik in der Provinz Posen war jedoch vor allem, dass sie den dort seit langer Zeit lebenden Juden gerade keine staatsbürgerliche Gleichstellung gab, sondern diese ständig hinauszögerte.

Die preußische Regierung hob jedoch eine Reihe von Verordnungen auf, die die Entfaltung der wirtschaftlichen Kraft der Juden behinderten, so z.B. etliche derjenigen Privilegien der Zünfte, die auf eine Einschränkung der jüdischen Konkurrenz abzielten. Auch die Restriktionen für Juden beim Kauf von Häusern in den Städten wurden beseitigt. Ebenso ging man gegen willkürliche Akte der städtischen Magistrate gegenüber der jüdischen Gemeinde vor. Dieses Mehr an Rechtssicherheit, wie unvollkommen auch immer, wurde von den Posener Juden überaus geschätzt. Die wirtschaftliche Entwicklung der Provinz Posen wurde allerdings durch die Errichtung der Zollgrenze zu Russland 1820, die die Posener Märkte von ihren östlichen Absatzgebieten in Zentralpolen und Russland abschnitt, erheblich behindert.

Die Reformen, die in der ganzen preußischen Monarchie eingeführt wurden, haben den Fortschritt jedoch auch in der Provinz Posen beschleunigt. Sophia Kemlein beschreibt diesen Prozess folgendermaßen: »Unbestreitbar hat sich die preußische Reformgesetzgebung in der ersten Hälfte des 19. Jahrhunderts positiv auf die Entwicklung der Provinz ausgewirkt und den Modernisierungsprozeß der Provinz eingeleitet. Zu nennen sind hier die Einführung des Allgemeinen Landrechts (1816), die Bauernbefreiung (seit 1823), die allgemeine Schulpflicht (1825), die revidierte Städteordnung von 1831 und die Allgemeine Gewerbeordnung (1845).«[54] Nur in der Judengesetzgebung wollte man nochmals keine Angleichung an die Reform-Standards im restlichen Preußen. Deshalb wurde nach dem Wiener Kongress das Judenedikt von 1812, das den Juden in den alten preußischen Provinzen die rechtliche Gleichstellung (bis auf den Staatsdienst als einer »christlichen« Einrichtung) gewährte, nicht auf die Provinz Posen ausgedehnt. Vielmehr galt bis 1833 das alte »Judenreglement« von 1797.

Das Programm des preußischen Staates zur »Erziehung«, »Produktivierung« und »bürgerlichen Verbesserung« der Juden wird besonders deutlich in der 1833 erlassenen »Vorläufigen Verordnung wegen des Judenwesens im Großherzogtum Posen«. Die Regierung teilte die Juden der Provinz in zwei Klassen ein. In eine erste Klasse: die Naturalisierten, die bereits so weit »fortgeschritten« und assimiliert war, dass man sie naturalisieren, d.h. mit weitgehenden Rechten ausstatten wollte, und in eine zweite Klasse: die Geduldeten, die diese Rechte erst dann bekommen sollten, wenn sie sich entlang dieses Programms weiterentwickelt hätten. Die Zweiteilung war als ein materieller und ideologischer Erziehungsanreiz zur Anpassung an die preußisch-deutsche Kultur gedacht. Durch eine wirtschaftliche Förderung der Juden sollte vor allem die städtische deutsche Mittelschicht gestärkt werden. Es gab aber auch Pläne, mehr Juden auf dem Land anzusiedeln. Gesellschaftspolitisch wollte man mit der Assimilation der Juden an die bürgerliche deutsche Mittelschicht die Macht und den Einfluss des polnischen Adels zurückdrängen. Die aus 30 Paragraphen bestehende Verordnung fasst Jacobson folgendermaßen zusammen:

»Die für die Naturalisation Geeigneten mussten unbescholten, seit dem 1. Juni 1815 im Lande ansässig und der deutschen Sprache mächtig sein, sowie einen festen Familiennamen führen. Voraussetzung war ferner wissenschaftlicher oder künstlerischer Beruf, ansehnlicheres kaufmännisches festes Gewerbe, Besitz und Bewirtschaftung eines größeren ländlichen Besitztums, oder Besitz eines größeren städtischen Grundstückes oder eines Kapitalvermögens von mindestens 5.000 Talern. Wer die Naturalisation erwarb, erlangte damit Freizügigkeit innerhalb des Großherzogtums und erleichterte Übersiedlung in die übrigen preußischen Provinzen. In steuerlicher, gewerblicher und privatrechtlicher Beziehung trat für ihn weitgehende Annäherung an die Rechte der übrigen Bevölkerung ein. Die Geduldeten dagegen durften im Allgemeinen erst nach dem vollendeten 24. Lebensjahr heiraten, mußten in Städten wohnen und konnten nur in Ausnahmefällen auf dem Land zugelassen werden. Vom städtischen Bürgerrecht waren sie ausgeschlossen. Das Hausieren und das Halten nicht-jüdischen Personals waren ihnen verboten. Die Finanzgeschäfte unterlagen besonderen Bedingungen. [...] Naturalisierte und Geduldete waren zusammengeschlossen in der ›Israelitischen Korporation‹ einer der Städteordnung nachgebildeten Organisationsform, die 1847 auf alle jüdischen Gemeinden Preußens übertragen wurde.«[55]

Erst durch die Revolution von 1848 wurden die diskriminierenden Sonderbestimmungen für die nur »geduldeten« Juden in der Provinz Posen aufgehoben.

Aus den hier genannten Paragraphen der 1833er Verordnung geht bereits hervor, dass zunächst nur eine Minderheit der Juden in der Provinz Posen die »Naturalisation« erlangen konnte und die Mehrheit nur den Status der »Geduldeten« bekam, auch wenn sie schon seit Generationen in der Provinz Posen lebten. Die Folgen der neuen Judenverordnung von 1833 waren einschneidend. Während sie für die relativ wenigen »naturalisierten« Juden erhebliche Verbesserungen brachten, die sie auch zu nutzen verstanden, waren die »geduldeten« in ihren wirtschaftlichen Möglichkeiten stark eingeschränkt. Dies war auch im Interesse der christlichen Handwerker und Kaufleute beabsichtigt.

Für die »geduldeten« Juden gab es vor allem Verbote: z.B. das Verbot, christliche Lehrlinge und Gesellen anzustellen und Kredite aufzunehmen. Dadurch wurde das Wachstum von handwerklichen und kaufmännischen Betrieben »geduldeter« Juden sehr erschwert. Die vielen jüdischen Ein-Mann- oder Familienbetriebe machten sich gegenseitig Konkurrenz und blieben arm. Statt allen Juden eine Verbesserung ihrer sozialen Lage zu ermöglichen, verstärkte man also die ökonomischen und sozialen Gegensätze unter ihnen. »Die Trennung in Naturalisierte und Geduldete erfüllte die erklärte Absicht des Gesetzes, den ›bürgerlichen Zustand der Juden zu verbessern‹, nur für die naturalisierten Juden. Gleichzeitig manifestierte und vertiefte sie aber die sozialen Gegensätze unter den Juden.«[56]

Die historischen Quellen über die Anzahl der »naturalisierten« und »geduldeten« Juden sind unzuverlässig, weil sie meistens nur die männlichen Familienvorstände erfassten, die ein Naturalisationspatent oder ein Duldungszertifikat erhielten, nicht aber deren Frauen und Kinder, die keine Patente bzw. Zertifikate erhielten, aber rechtlich genauso eingestuft wurden.

In der Stadt Leszno lebten 1842 3.447 jüdische Einwohner. Von diesen erhielten bis dahin 416 männliche Haushaltsvorstände ein Naturalisationspatent und 523 ein Duldungszertifikat. Das waren 12,1% von Naturalisationspatenten bezogen auf die Gesamtheit der jüdischen Einwohner der Stadt. Das war schon ein Spitzenwert. In den Städten, die weniger nah an der westlichen Grenze lagen, wie z. B. Śrem / Schrimm, gab es bis 1842 viel weniger Naturalisationspatente: 4,8%.[57] Nur wenige damalige Statistiken erfassen neben den männlichen Haushaltsvorständen auch ihre Frauen und Kinder. Zählt man diese mit, ergibt sich ein anderes Bild. Bis 1846 gab es danach im Großherzogtum Posen 25% »naturalisierte« Juden und 75% »geduldete«.[58] Dreiviertel aller Juden wurden dort also bis 1848 weiter diskriminiert.

Aufgrund der Privilegien, die sich für diejenigen ergaben, die »naturalisiert« wurden, bemühten sich fast alle Juden aus der Provinz Posen um ein Naturalisationspatent. Die Familien Metz und Sachs gehörten als erfolgreiche Kürschnerfamilien schon früh zu den »naturalisierten« Juden, wie aus deren Heirats- und Geburtsurkunden hervorgeht, wo sie schon vor 1848 als preußische »Inländer« und Kinder von »Inländern« bezeichnet werden.

Die Widersprüchlichkeit der preußischen Politik wurde vor allem an der Entwicklung des jüdischen Handwerks und der Idee der Ansiedlung von Juden auf dem Lande deutlich. Obwohl die Berufsumlenkung in das Handwerk und in die Landwirtschaft erklärtes Ziel war, vereitelten die Restriktionen gegenüber den »geduldeten« Juden die gewünschten Resultate. So stieg der Anteil der Handwerker an den jüdischen Berufstätigen von 1816 (34,0%) bis 1849 (27,9%) nicht an, sondern nahm sogar noch ab. Dies hängt allerdings auch mit der zunehmenden Industrialisierung zusammen, die das Handwerk insgesamt zurückdrängte.[59]

Interessant ist, dass es eine große Bereitschaft der Posener Juden gab, sich als Neubauern auf dem Lande niederzulassen. 1846 wurde auf Initiative des Rabbiners Salomon Eger ein »Zentralverein zur Begründung der Colonisation der Juden in der Provinz Posen« gegründet, der sich darum bemühte, vom preußischen König und seinen Regierungsbeamten Land für die Neubauern zu bekommen. »Der Andrang an Bewerbern war groß: 1064 jüdische Familien, die bisher fast alle im Handwerk ihr Auskommen gesucht hatten, stellten einen Antrag auf Niederlassung in den neu zu gründenden Kolonien.«[60] Dies zeigt auch, dass die Juden bereit waren, in allen Berufen zu arbeiten, wenn man sie nur ließ. Jedoch scheiterte diese Initiative daran, dass die Regierung entgegen ihren Versprechungen und erklärten Absichten dann doch kein Land für jüdische Neubauern zur Verfügung stellte. Auch in dieser Frage zeigten sich interne Widersprüche in der preußischen Regierung.

Ein besonderer Konfliktstoff sowohl in der polnischen als auch in der preußischen Zeit war der jüdische »Schankwirt«, den besonders die katholische Kirche für ihre antijüdische Propaganda benutzte, indem sie ihn für die Trunksucht der polnischen Bauern und deren Verschuldung primär verantwortlich machte. Es war «[…] bei katholischen Priestern beliebt, die jüdische Schenke als Heimstätte des Teufels zu bezeichnen.«[61] Auch in der preußischen Zeit gab es immer wieder Bemühungen, die Juden aus dem Schankgewerbe zu vertreiben. Der ökonomische Hintergrund für den Anstieg der Branntweinproduktion und -konsumtion war jedoch ein ganz anderer. Auf den polnischen Adelsgütern, später auch deutschen Gütern wurde vermehrt Schnaps aus Getreide und Kartoffeln gebrannt, weil sich damit in der Agrarkrise mehr Profit machen ließ, als wenn man Getreide und Kartoffeln unverarbeitet verkaufte. Deshalb war diese Schicht an einer Vermehrung von Wirtshäusern und des Branntweinkonsums vor allem auf dem Lande interessiert. Auf Seiten der polnischen Bauern waren es die Armut und die elende Lage insgesamt, die sie in den Alkohol trieben.

Hinter der Hetze speziell gegen den jüdischen Schankwirt stand das handfeste Interesse christlicher Wirte, die jüdische Konkurrenz auszuschalten. Ein preußischer Landrat hatte jedoch 1838 einmal Mut, die soziale Notlage der polnischen Bauern als die wahre Ursache für deren häufige Trunksucht beim Namen zu nennen:

»Der hiesige gemeine Mann ist zu sehr dem Trunke ergeben und zu arm, um in einer so kargen Zeit [...] sich schon merklich ändern zu können. [...] Er trank, er trinkt und wird noch eine geraume Zeit trinken. [...] Ebenso ist es auch mit den Vermögensverhältnissen des gemeinen Mannes; er hatte nichts, er hat nichts und wird auch noch lange zu nichts kommen. Er hat zwar eine vom Hufendienste befreite Wirtschaft, hat aber so viele Abgaben [...] auferlegt erhalten, dass er schwerlich für die Dauer wird bestehen können, selbst wenn auch keine Juden-Schänker auf dem platten Landes wären.«[62]

Die in den 40er Jahren des 19. Jahrhunderts erhobenen Sozialstatistiken in der Provinz Posen machen deutlich, dass durch die Diskriminierung der vielen nur »geduldeten« Juden das Projekt, die Juden in der Provinz insgesamt »sozial zu heben«, nicht erreicht wurde.

1849 zählten von der Gesamtheit der Juden in Posen:

12–14%	zum Groß- und Mittelbürgertum (Großhändler, Bankiers, wohlhabende Handwerker, Intellektuelle wie Ärzte und Rechtsanwälte)
34–37%	zum Kleinbürgertum (kleine Handwerker und Kleinhändler)
50–53%	zu den Armen (Tagelöhner, Gesinde, Hausierer, Erwerbslose).[63]

Das heißt, dass die Mehrheit der Posener Juden immer noch arm war, weshalb viele der »geduldeten« Juden wegen der Perspektivlosigkeit ihrer Existenz die – erlaubte – Emigration nach Amerika wählten. Ihnen blieb nur dieser Ausweg, während die »naturalisierten« Juden auch in die westlicheren Gebiete Preußens auswandern durften und vornehmlich in die Großstädte Berlin und Breslau zogen. Insgesamt wanderten zwischen 1824 und 1873 ca. 32.400 Juden aus der Provinz Posen nach Amerika aus.[64]

Durch die Revolution von 1848 erlangten endlich alle Posener Juden die volle rechtliche Gleichstellung mit den anderen Juden in Preußen. In der 1848 vom preußischen König aufoktroyierten Verfassung bestimmte der Artikel 4:

»Alle Preußen sind vor dem Gesetz gleich. Standes-Vorrechte finden nicht statt. Die öffentlichen Ämter sind für alle Befähigten gleich zugänglich.«[65] In der Verfassung von 1850 gab es dann aber die gewichtige Einschränkung:

»Die christliche Religion wird bei denjenigen staatlichen Einrichtungen des Staates, welche mit der Religionsausübung in Zusammenhang stehen, unbeschadet der [...] gewährleisteten Religionsfreiheit zum Grunde gelegt.«[66] Das betraf lange Zeit auch Schulen und Universitäten.

Angesichts der vielen Diskriminierungen der Juden auch in der preußischen Zeit wundert es zunächst, dass die Juden in der Provinz Posen mehrheitlich so deutschfreundlich eingestellt waren, wie es u. a. die schon genannten zeitgenössischen jüdischen Autoren Kalisch, Lewin und auch Lazarus betonen. Letzterer beschreibt die deutschfreundliche Geisteshaltung der Posener Juden leicht ironisch so:

»[Es] herrschte unter den Juden durchweg ein gut preußischer, altconservativer, streng, man darf sagen, religiös dynastischer Patriotismus; ganz war man von der, durch die Folie trüber Erinnerungen glänzenden, Zuversicht erfüllt, daß die Regierung das Recht, den Frieden und die religiöse Übung aller Volkstheile redlich beschütze und der geistigen wie ökonomischen Entwicklung der Juden wohl gewogen und mit väterlicher Fürsorge zugeneigt sei.«[67]

Es muss hier aber berücksichtigt werden, dass die Posener Juden ihre Lage nicht nur mit der polnischen Zeit bis 1793 verglichen, sondern auch mit der Lage der Juden nach 1793 in den anderen polnischen Teilungsgebieten unter russischer und österreichischer Herrschaft. In diesen Gebieten waren die Juden noch weit rechtloser und mussten sich, vor allem im russischen Herrschaftsbereich, weiter vor schlimmsten Pogromen fürchten. Sophia Kemlein fasst dies folgendermaßen zusammen: »Bei aller berechtigten Kritik an der preußischen Judenpolitik [...] im Vergleich zu den anderen Teilungsgebieten Polens waren die rechtlichen Errungenschaften der Posener Juden weitaus am größten. Im Königreich Polen [dem russischen Teilungsgebiet, d. V.] blieben die Juden bis zum Beginn der 1860er Jahre von allen bürgerlichen und politischen Rechten ausgeschlossen. Darüber hinaus waren sie in ihrer

Freizügigkeit stärker eingeschränkt als die Posener Juden. Auf den Dörfern und in einer ganzen Reihe von Städten konnten sie sich generell nicht niederlassen, in allen anderen Städten waren 1822 die Judenquartiere wieder eingerichtet worden.«[68]

Die deutschfreundliche Stimmung bedeutete allerdings nicht, dass die Posener Juden ihre Diskriminierungen jemals kampflos hinnahmen. Vielmehr versuchten sie während der gesamten preußischen Zeit auf den verschiedensten Ebenen: der Gemeinde, in der Politik, z. B. als Stadträte (als sie endlich solche Funktionen wahrnehmen konnten) und mit ihren Publikationen dagegen anzukämpfen. So wird in einer Petition der Posener Juden aus dem Jahr 1845 an den Provinziallandtag die Verweigerung der rechtlichen Gleichstellung aller Juden mit den christlichen Bürgern als unsittlich, unchristlich und gegen das Prinzip der Nächstenliebe verstoßend charakterisiert. Im Anschluss an eine Aufzählung der verschiedensten Benachteiligungen heißt es ganz grundsätzlich:

»Warum dies alles? Weil die hunderttausend Einwohner sich zur jüdischen Religion bekennen und die 12/13 der übrigen Einwohner der Provinz einer andern angehören. Die Minorität ist ihr Verbrechen. Ist dies gerecht, ist dies sittlich und im Sinne der christlichen Religion, die die Nächstenliebe zur heiligsten Pflicht macht? Wir stellen den gehorsamsten Antrag: Hohe Stände wollen das tausendjährige Unrecht gegen die Bekenner der jüdischen Religion gutmachen, und bei der hohen Staatsregierung beantragen ein Gesetz zu erlassen, das den jüdischen Einwohner dem christlichen gänzlich gleichstellt.«[69]

Die Entwicklung des Selbstverständnisses der Posener Juden zwischen Deutschen und Polen

In den zeitgenössischen jüdischen Quellen und auch in der heutigen Geschichtsschreibung wird immer wieder davon gesprochen, dass die Posener Juden durch ihre geographische Nähe zu Deutschland, die lange Phase der preußischen Herrschaft und den stärkeren Einfluss der deutschen Aufklärungsbewegung eine Sonderstellung innerhalb der polnischen Judenschaft einnahmen. Es besteht weitgehend ein Konsens darüber, dass sich die Juden in der Provinz Posen ab Mitte des 19. Jahrhunderts mehrheitlich nicht mehr als polnische, sondern als deutsche Juden verstanden. Das Erstarken der nationalen Bewegungen in dieser Zeit veränderte die Identitätsfindung bei allen Bevölkerungsteilen: Man definierte sich jetzt nicht mehr allein über die eigene Religion oder Konfession, sondern ordnete sich deutlicher einer Nation zu. In Ostpolen wie im übrigen Osteuropa entwickelte sich dagegen eine nationaljüdische Identität, die ihren politischen Ausdruck in der Forderung nach Anerkennung der

Juden als nationale Minderheit in der Diaspora in Polen und Russland und auch später im Zionismus fand, dessen Ursprünge alle aus dem Ostjudentum stammen.[70]

Während sich die preußische Regierung durch ihre »Erziehungspolitik« eine vollständige Assimilation der Posener Juden an die christliche Umwelt – mit der Taufe als Endprodukt – erhoffte, verstanden es die Posener Juden trotz ihrer großen Deutschfreundlichkeit, ihre eigene jüdische Identität im Prozess ihrer Akkulturation zu bewahren. Ein deutliches Zeichen dafür ist, dass es in der Provinz kaum Übertritte zum Christentum gab. »Zwischen 1812 und 1846 konvertierten im Großherzogtum 242 Juden zum Christentum, das sind durchschnittlich sieben pro Jahr. Damit wies das Großherzogtum die niedrigste Konversionsrate in ganz Preußen auf [...].«[71] Aussagen über die Haltung zu Ehen zwischen Juden und Christen lassen sich für die Zeit bis Mitte des 19. Jahrhunderts nicht treffen, weil diese in Preußen damals verboten (!) waren. Interessant ist in diesem Kontext, dass mein Großonkel Erich Metz, dessen Onkel Joseph Metz und auch einige Cousins von Erich in späterer Zeit zwar christliche Frauen heirateten, aber keiner von ihnen zum Christentum konvertierte.

Bereits durch die große Zahl von Juden in der Provinz Posen, vor allem in den Städten, waren die traditionellen jüdischen Lebensformen im Alltag gegenwärtig und auch von der übrigen polnischen und deutschen Bevölkerung in der Regel akzeptiert. Nicht nur an den jüdischen Elementarschulen, sondern auch an den christlichen Schulen hatten die jüdischen Schüler am Sabbat unterrichtsfrei. Samuel Baeck machte, wie ich schon erwähnt habe, am Comenius-Gymnasium in Leszno die jüdische Religion zum normalen Unterrichtsfach, für das man auch eine Abiturnote bekam.

Mitte des 19. Jahrhunderts gab es Initiativen dafür, dass in allen drei Gotteshäusern, den katholischen, protestantischen und jüdischen, Gottesdienste stattfinden sollten, die die Angehörigen aller drei Glaubensrichtungen gemeinsam besuchen konnten. Bei der Einweihung von neuen Gotteshäusern und konfessionellen Schulen wurden jetzt oft die Vertreter der anderen Glaubensrichtungen eingeladen.[72] Hier offenbarte sich erneut die gute Tradition von Leszno als »Stadt der Andersgläubigen«. Interessant ist, dass es schon in der ersten Hälfte des 19. Jahrhunderts solche interreligiösen Initiativen und Bräuche gab, die erst heute wieder – nach langen Zeiten der Intoleranz – in Deutschland und Polen praktiziert werden. Ein Beispiel dafür ist heute u.a. die Einweihung der Synagoge zum »Weißen Storch« 2010 in Breslau, zu der Geistliche aller Konfessionen eingeladen wurden, und die jährliche »Woche der Toleranz« im »Viertel des Gegenseitigen Respekts« in Breslau. Seit 2005 organisiert die Synagoge zum »Weißen Storch« zusammen mit den im gleichen Viertel existierenden drei christlichen Kirchen Anfang November – in Erinnerung an das Pogrom von 1938 – einen Schweigemarsch zum Platz der von den Nazis damals niedergebrannten »Neuen Synagoge«. Es gibt zugleich auch Kulturabende und Theaterstücke, um das gegenseitige Verstehen zu fördern. Diese dicht neben der Synagoge zum Weißen Storch stehenden christlichen Kirchen sind: die römisch-katholische Antonius Kirche, die evangelisch-lutherische Kirche der Göttlichen Vorsehung und die polnisch-orthodoxe Kirche der Geburt der Gottesmutter Maria.

Durch das enge Zusammenleben von Juden und Christen in Leszno kannten die christlichen Bewohner die Sitten und Gebräuche der Juden, die diese keineswegs versteckten. Ludwig Kalisch beschreibt das in seinen »Bildern aus meiner Knabenzeit« für den Anfang des 19. Jahrhunderts so: »Juden und Christen wohnten nicht nur in denselben Straßen, sondern auch in denselben Häusern miteinander, und die Letzteren lernten schon in frühester Jugend einen beträchtlichen Theil der jüdischen Gebräuche kennen. Viele Juden begaben sich täglich im Gebetmantel […] nach der großen Synagoge, und sie wurden Morgens und Abends zu dem Gottesdienste durch den sog. Schulklopfer eingeladen. Dieser Schulklopfer that mit einem hölzernen Hammer jeden Morgen und jeden Abend drei Schläge an die Thüre jedes jüdischen Hauses, und da er immer auf dieselbe Stelle schlug, so waren die Hausthüren der Juden an einem runden zerschlagenen Flecke leicht zu erkennen.«[73] Die jüdischen Feste wurde auf den Straßen und Plätzen von Leszno inmitten des christlichen Publikums gefeiert: »Der christliche Theil der Bevölkerung meiner Vaterstadt war auf diese Weise mit vielen jüdischen Ritualien genau bekannt und wußte die Judenfeste bei deren hebräischen Namen zu nennen. Es gab zwar in meiner Vaterstadt eine Judengasse [gemeint ist die Kostener Straße, d.V.]; diese unterschied sich jedoch nicht von den anderen Gassen und war auch nicht ausschließlich von Juden bewohnt [...].«[74]

Durch die große Zahl von Juden entstand ein jüdisches Alltagsmilieu, in dem die Einhaltung der jüdischen Gesetze und Bräuche – auch in der Zeit jüdischer Aufklärung – eine Selbstverständlichkeit war. Man achtete gegenseitig darauf, ob die Speisegesetze und die Ruhegebote für den Sabbat eingehalten wurden. Sophia Kemlein fasst das in ihrer Untersuchung folgendermaßen zusammen: »Stärker als die Juden in irgendeiner anderen preußischen Provinz bewahrten sich die Posener Juden eine ausgeprägt jüdische Identität, und zwar trotz des relativ schnell vollzogenen Akkulturationsprozesses in Sprache und Bildung und trotz der schrittweisen rechtlichen Gleichstellung.«[75] Sie wollten mehrheitlich als Juden deutsche Staatsbürger werden.

Trotz dieser großen Deutschfreundlichkeit waren die Juden in Posen nicht anti-polnisch gestimmt, sondern verhielten sich lange Zeit im Wesentlichen neutral. Für den Mitte der 19. Jahrhunderts erstarkenden Freiheitskampf der Polen für einen unabhängigen Nationalstaat gab es zunächst Sympathie. Aber die Polen, außer einer Gruppe von liberalen Demokraten, legten auf eine Unterstützung durch ihre jüdischen Mitbürger und deren Aufnahme in die Reihen der polnischen Nationalbewegung wenig Wert. Die aufstrebende, noch schmale polnische Mittelschicht in den Städten sah in ihnen – ebenso wie in den Deutschen – häufig vor allem die ökonomischen Konkurrenten.

Zu Beginn der 1848er Revolution gab es dann jedoch eine allgemeine Verbrüderung von Polen, Deutschen und Juden. Die Posener Juden trugen als Zeichen dieser Verbrüderung die deutsche und polnische Kokarde und beteiligten sich neben Polen und Deutschen auch an den neu gebildeten Bürgerwehren in der Provinz, um Plünderungen und tätliche Übergriffe in Zeiten der Unruhe zu verhindern. Als es jedoch später zu kriegerischen Auseinandersetzungen zwischen preußischem Militär und polnischen Truppen kam und in diesem Kontext nationalistisch aufgestachelte polnische Bürger Gewaltexzesse an Juden verübten, schlug die Stimmung unter den Juden um. Sog. polnische Sensenmänner zündeten an mehreren

Orten jüdische Häuser und selbst Synagogen an, plünderten jüdische Läden und misshandelten und ermordeten jüdische Männer und Frauen.[76] Leszno blieb von solchen Ausschreitungen allerdings verschont. In dieser Situation ergriffen die Juden in der Provinz offen für die deutschen Interessen Partei, weil sie sich von Preußen mehr Sicherheit erhofften.

Die Loyalität der Juden gegenüber den Deutschen hatte jedoch noch weitere Ursachen, vor allem die Affinität der Juden zur deutschen Sprache und Kultur. Besonders für die reformorientierten Juden umgab die deutsche Sprache wegen ihrer Verbindung zur Aufklärung fast ein Heiligenschein. In einer Erklärung der Posener Juden von 1848 heißt es dazu: »Erzogen von deutscher Kultur und Gesittung, in seiner Sprache einzig und allein redend und seinen Geist in uns aufnehmend, haben wir stets nur mit Deutschland gefühlt, [...] wie auch Deutschland uns als Stiefkinder mißhandelt haben mag.«[77]

Sophia Kemlein nennt als weitere Ursache für die Affinität der Juden gegenüber den Deutschen die Tatsache, dass die Deutschen von den drei Teilungsmächten Polens: Russland, Preußen und Österreich die vergleichsweise modernste Gesellschaft mit einer wirksamen, korruptionsfreien Bürokratie repräsentierten, von der auch die Juden profitierten. Daher entwickelten die Posener Juden gegenüber Preußen eine starke Loyalität. Die Polen selbst erschienen ihnen demgegenüber weniger modern und weniger zukunftsweisend: »Zudem stellte das polnische Bürgertum, das als soziale Schicht erst im Entstehen begriffen war und von einem bäuerlich-traditionellen Katholizismus geprägt war, kein attraktives Akkulturationsziel für die Juden dar. Die Affinität zum deutsch-protestantischem Bürgertum war von vornherein stärker gegeben, weil Deutsche und Juden bereits Stadtbewohner waren und gleichermaßen bürgerliche Funktionen in den Städten ausübten, und weil Protestantismus und Judentum in Deutschland unter dem Einfluss von Rationalismus und Romantik ähnliche Entwicklungen durchmachten, während der polnische Katholizismus sich diesen – im Gegensatz zum Katholizismus in Deutschland – fast vollständig entzog.«[78]

Das religiöse Leben der Juden in Leszno

Leszno als »Pflanzstätte« jüdischen Glaubens

Im 17. Jahrhundert bis Anfang des 19. Jahrhunderts galt Leszno bei den Juden international als ein Zentrum des jüdischen Glaubens, weil hier berühmte Rabbiner lebten und lehrten und später in vielen anderen Städten in Deutschland wirkten. Die Lesznoer jüdische Gemeinde spielte innerhalb von Wielkopolska (zur deutschen Zeit: Provinz Posen) eine führende Rolle, weil sie so viele Mitglieder hatte und bedeutende religiöse Führer aus ihr hervorgingen. Die Gemeinde hatte Ende des 18. Jahrhunderts mehr als 4.000 Mitglieder, während die Gemeinde der Stadt Posen nur ca. 3.000 Mitglieder zählte. Außerdem war die Lesznoer Gemeinde durch die Wirtschaftskraft ihrer Mitglieder wohlhabender, weshalb sie auch Steuern für die ärmeren Gemeinden an den polnischen Staat vorstreckte, selbst für die der Stadt Posen. 1751 erhält sie den Titel »Hauptsynagoge von Grosspolen«[79]. Zusammenfassend beurteilt Lewin die Lesznoer Gemeinde folgendermaßen:

»Lissa war eine bedeutende Pflanzstätte jüdischer Wissenschaft, eine jüdische Kulturstätte ersten Ranges, und bereits in der zweiten Hälfte des siebzehnten Jahrhunderts besuchten Jünglinge aus Hamburg und anderen Theilen Deutschlands die berühmten Lissaer Talmudschulen. Zahlreiche Gemeinden wählten ihre Rabbiner aus dem Lissaer Gelehrtenkreise.«[80] In der preußischen Zeit bis Mitte des 19. Jahrhunderts befragte die Regierung in Berlin die Rabbiner aus Berlin, Breslau und Leszno, wenn sie die Qualifikation eines Rabbiners in Preußen beurteilen wollte.

Zu den berühmtesten Rabbinern in Leszno zählt u.a. Jacob Lissa (1760–1832), der eine Talmudschule in Leszno gründete, die wegen ihres guten Rufs Studenten aus der ganzen Welt anzog. Akiba Eger (1761–1837) rief 1788 eine zweite, ebenfalls international berühmte Talmudschule in der Stadt ins Leben und wurde später Oberrabbiner im Großherzogtum Posen. Auf die Bedeutung von Samuel und Leo Baeck werde ich später eingehen.

Der Talmud wurde in Lehrhäusern (hebr. sg.: Beth-Hamidrasch) unterrichtet, die fromme Gemeindemitglieder gestiftet hatten. Diese Lehrhäuser konnte jeder Jude fast zu jeder Tages- und Nachtzeit betreten, um allein oder in Gesellschaft strittige Fragen der Bibel- und Talmudauslegung zu studieren bzw. zu diskutieren. Die Diskutierfreude der Juden wird u.a. auf diese Tradition zurückgeführt. Die Debattenkultur über religiöse Fragen war in Leszno überhaupt stark ausgeprägt. Auch auswärtige Rabbiner konnten in der Synagoge predigen. Bei einem solchen Streitgespräch mit einem Rabbiner aus einer anderen Stadt verlor der Urgroßvater von Ludwig Kalisch, Rabbiner in der Lesznoer Synagoge, einmal die Fassung und warf auf den anderen Rabbiner einen seiner Schuhe. »Man kann sich die Bestürzung der Gemeinde, die Bestürzung des Rabbi denken, an dem das Gastrecht so bitter verletzt worden. Niemand aber war bestürzter als mein Urgroßvater, und ohne sich auch nur einen Augenblick zu besinnen, eilte er die Stufen hinan, reichte dem Rabbiner die Hand […] und bat den Beleidigten zerknirscht um Verzeihung. […] Die Disputation wurde mit außerordentlicher Lebhaftigkeit fortgesetzt, und noch an demselben Tage speiste der Rabbi am Tische meines Urgroßvaters.«[81]

Zwei dieser Lehrhäuser existieren als Gebäude noch heute. Der Lebensunterhalt der Lehrer und Studenten an diesen Lehrhäusern wurde durch Gemeindesteuern und wohltätige Stiftungen finanziert. Außerdem war es üblich, dass wohlhabende Juden Talmudstudenten zum Mittagstisch einluden. Diese Tradition hat man später auch auf jüdische Gymnasiasten übertragen: Die Hochachtung vor religiöser Bildung übertrug sich auf die Wertschätzung auch weltlicher schulischer Bildung. Deshalb wurden ab dem 19. Jahrhundert auch jüdische Gymnasiasten, deren Eltern nicht für Schulgeld und Unterhalt aufkommen konnten, regelmäßig bei gut situierten Gemeindemitgliedern zum Mittagessen geladen. Welche Rolle religiöse und weltliche Studien in der Stadt spielten, kann man auch daran erkennen, dass 1795 in Leszno 18 (!) Buchhandlungen existierten.[82]

Das Bestreben, die jüdischen Gesetze einzuhalten und auch während des Arbeitstags Zeit zum Beten zu finden, wird auch an den vormals vielen Betstätten in der Stadt sichtbar. Fast jede jüdische Innung und jeder jüdische Verein (von denen es wie bei den christlichen Deutschen sehr viele gab) hatten damals eine eigene Betstätte. Anfang der 20er Jahre des 19. Jahrhunderts gab es in Leszno noch 22 Betstätten außer der großen Synagoge in der Kostener Straße, bis die preußische Regierung per Ministerialerlass 1826 alle jüdischen »Privatbetstätten« einfach verbot, weil ihr diese offenbar zu unübersichtlich und schlecht zu kontrollieren waren.[83]

Die Rabbiner wurden in der Lesznoer Gemeinde über die Jahrhunderte hinweg in der Regel sehr geachtet und oft auch verehrt. Die Gründe dafür beschreibt Ludwig Kalisch für seine Zeit folgendermaßen: »Die Rabbiner waren sehr schlecht bezahlt und genossen nicht mehr Rechte als irgendein Mitglied der Gemeinde. Hingegen hatten sie viele und sehr schwere Pflichten zu erfüllen. Bei Verfolgungen und sonstigen Drangsalen setzten sie sich muthig der Gefahr aus. In Zeiten der Epidemie waren sie die ersten am Siechbette und rechneten es sich nicht hoch an. […] Ihr Leben war eine fortgesetzte Selbstopferung. Die Achtung, die man vor dem Rabbiner hegte, galt ihm, seiner Person, nicht seinem Stande. Unter den Juden giebt es überhaupt keinen eigentlich geistlichen Stand. Jeder Jude kann, ohne besondere Weihe, Rabbiner werden und wieder dem Rabbinat entsagen.«[84] Eine wissenschaftliche Ausbildung der Rabbiner gab es erst mit der Entstehung des Reformjudentums, also erst in der zweiten Hälfte des 19. Jahrhunderts.

Durch die Haskala, die jüdische Aufklärungsbewegung, ab Ende des 18. Jahrhunderts ging jedoch das Interesse junger Juden am Talmudstudium kontinuierlich zurück. Es gab zwar noch viele Lehrer an den zwei Lehrhäusern, die bis 1848 existierten, aber praktisch keine Studenten mehr: »1833 waren neben sieben Rabbinatsassessoren sieben ›Gelehrte‹ thätig, aber nur drei ,›Studenten‹.«[85]

Orthodoxe, Traditionalisten und Reformierte: die Bedeutung der jüdischen Aufklärung

Der jüdische Schriftsteller und Revolutionär der 1848er Revolution Ludwig Kalisch beschreibt in seinen Lebenserinnerungen »Bilder aus meiner Knabenzeit« auch das Bedrückende dieser Art von Gesetzesfrömmigkeit in Leszno, gegen die sich die jungen Leute zu wehren begannen. Schon die Grundschulkinder wurden in der jüdischen Schule Anfang des 19. Jahrhunderts im Religionsunterricht mit Talmudstudien geplagt:

»Dann mußten wir lernen, ob ein Ei, das eine Henne an einem Feiertag gelegt, genossen werden dürfe. Der Streit der Rabbiner über die Feiertagseier ist sehr groß. [...] Die Schule Schamai's und die Schule Hillel's befanden sich, beiläufig gesagt, fortwährend in einem casu-istischen Zweikampf. [...] der dialektische Eiertanz der ehrwürdigen Schriftgelehrten schien uns Knaben höchst unerquicklich und es ereignete sich sehr häufig, daß wir während der Kümmelspaltereien unseres Lehrers einschliefen [...].«[86] Trotz dieser Kritik an seinem damaligen Religionsunterricht bewahrt sich Kalisch ein differenziertes Urteil über den Talmud und widmet seiner Verteidigung gegen falsche Angriffe ein ganzes Kapitel.

Obwohl die Mehrheit der Juden in der Provinz Posen zunächst traditionalistisch eingestellt war, wurden sie doch bald von der jüdischen Aufklärungsbewegung und dem Reformjudentum, das sich in Berlin entwickelt hatte, erfasst. Es waren zunächst vor allem junge Juden, die nach geistiger Befreiung, Modernisierung und Reformen auch innerhalb der jüdischen

Religionspraxis verlangten. Sie studierten in ihrem Bildungshunger, beeinflusst von Mendelssohn, Philosophen wie Kant, Voltaire und Rousseau. Sofern sie noch nicht Deutsch lesen und sprechen konnten, brachten sie sich diese Kenntnisse anfangs im Selbststudium bei, bis die jüdischen Schulen alle Deutsch als Unterrichtsfach und -sprache einführten. Sozial getragen wurde die Reformbewegung in der Provinz Posen von Teilen der Intelligenz: Ärzten, Rechtsanwälten, Lehrern, Journalisten und Schriftstellern sowie von den Söhnen wohlhabender Handwerker und Kaufleute.

Die radikalen Reformer in Berlin wollten das Judentum im Sinne der Aufklärung umgestalten. Die Thora sollte nicht im Wortlaut als göttliche Offenbarung aufgefasst, sondern historisch interpretiert werden. Statt des Talmuds, der Auslegung der biblischen Gesetze, wie sie sich in den Jahrhunderten zuvor angesammelt hatte, sollte die Bibel selbst im Zentrum stehen. Religiöse Gesetze, die nicht mit der Vernunft und den Erfordernissen der Gegenwart in Einklang zu bringen waren, sollten keine Geltung mehr haben. Vorbild für den Gottesdienst in der Synagoge war für sie der protestantische Gottesdienst mit einer auf Deutsch gehaltenen regelmäßigen Predigt. Zuvor gab es in der Synagoge Predigten nur zweimal im Jahr an hohen Feiertagen. Zum Gottesdienst gehörten nach den Vorstellungen der Reformer auch Gebete in deutscher (statt hebräischer) Sprache, Chorgesang und Orgel, die es bislang in der Synagoge nicht gab. Den sehr langen jüdischen Gottesdienst (3–4 Stunden) wollte man kürzen. Die Ausbildung der Rabbiner sollte auf wissenschaftlicher Grundlage erfolgen.

Zacharias Frankel (1801–1875) vertrat mit seinem Programm des »positiv-historischen« Judentums demgegenüber eine gemäßigte Reformbewegung. Für ihn war es entscheidend, dass die Gemeinden die Reform selber mittrugen und die überlieferten Formen der Frömmigkeit berücksichtigt wurden. Deshalb plädierte er für kleine Schritte bei der Reform, z. B. des Gottesdienstes. Frankel sah in der Thora das positive, außerhalb der Geschichte stehende Element, während der Talmud, die Auslegung der Gesetze durch die Rabbiner, historisch-kritisch zu betrachten sei. Frankel wurde 1854 Direktor der ersten modernen Rabbinerlehranstalt in

Europa, dem »Jüdisch-Theologischen Seminar« in Breslau. Die Studenten wurden im Seminar in das Talmudstudium eingeführt und absolvierten gleichzeitig ein weltliches Studium an der Universität Breslau. Frankel und der ebenfalls am Seminar lehrende Historiker Heinrich Graetz (1817–1891) hatten beide in ihrer Jugend nur unter großen finanziellen Entbehrungen ein Universitätsstudium mit anschließender Promotion absolviert, das sie aber als unentbehrlich für eine Rabbinerausbildung ansahen. Sie entwickelten am Breslauer Seminar die »Wissenschaft des Judentums«, d.h. die historisch-kritische Herangehensweise im Studium der Judaistik. Diese Richtung wurde vor allem in Deutschland sehr einflussreich, da das Breslauer Theologische Seminar Generationen von jüdischen Studenten anzog, die später als Rabbiner wirkten. Auf der Tagung der Universität Wroclaw 2010 über »Jewish Religious Life in Breslau/Wrocław« im Mai 2010, zu der ich eingeladen war, wurden von den Teilnehmern aus aller Welt, Juden und Nicht-Juden, die Leistungen dieses Seminars ausführlich gewürdigt.[87]

Ende des 19. Jahrhunderts waren in Deutschland die Reformgemeinden, die sich jetzt als liberale Gemeinden bezeichneten, in der Mehrheit. An vielen Orten gab es jetzt zwei jüdische Gemeinden: eine liberale und eine orthodoxe. Zur Orthodoxie bekannten sich damals nur noch etwa 15% der deutschen Juden.[88]

In Leszno war die Zahl der jüdischen Gemeindemitglieder, die den Berliner Reformern folgen wollten, Mitte des 19. Jahrhunderts zu gering, um eine separate Gemeinde zu bilden. Die Mehrheit war traditionalistisch eingestellt, sie war aber – im Unterschied zu den ostpolnischen Gemeinden – weder vom osteuropäischen Chassidismus, noch vom neu entstehenden Zionismus stärker beeinflusst. Die Gemeinde blieb zusammen, aber man nahm trotzdem schrittweise Reformen, u.a. auch des Gottesdienstes, vor. So gab es ab Mitte des 19. Jahrhunderts Predigten auf Deutsch. Bei der Renovierung der großen Synagoge 1905 wurde eine Orgel eingebaut. Die Rabbiner, die die Gemeinde wählte, waren schon ab den 60er Jahren des 19. Jahrhunderts wissenschaftlich ausgebildet, wie Dr. Samuel Baeck, der 1864 als bereits praktizierender Rabbiner nach Leszno kam.

Der Rabbiner Samuel Baeck

Samuel Baeck wurde 1834 in Boskowitz (Mähren) geboren. Er studierte in Wien und Leipzig Orientalistik und Philosophie und promovierte in Leipzig über das Thema »Die Cultur der alten Inder im Vergleich mit der Cultur der Hebraeer«. Er hatte mit seiner Frau Eva, geb. Placzek, 11 Kinder.

Samuel Baeck schrieb eine Reihe wissenschaftlicher Werke über jüdische Geschichte und Literatur, die es zu hohen Auflagen brachten.[89] Er vereinte in seiner Person die Idealvorstellung eines Rabbiners, wie sie dem gemäßigten Reformjudentum vorschwebte, nämlich Talmudgelehrter, Seelsorger der Gemeinde und Wissenschaftler zu sein. Deshalb wurden die Bedenken konservativer Gemeindemitglieder, einen Doktor als Rabbiner zu bekommen, bald zerstreut.

Kollegium des Königlichen Comenius-Gymnasiums 1905.
Samuel Baeck ist in der unteren Reihe der Zweite von rechts.

In Leszno war Samuel Baeck auch auf pädagogischer Ebene aktiv. Er war Direktor der jüdischen Grundschule und führte als Lehrer am Comenius-Gymnasium das Fach jüdische Religion ein, das er auch unterrichtete. Er schrieb selbst die dafür erforderlichen Lehrbücher. Seine Schüler beschrieben ihn als einen Lehrer, der viel forderte, aber gerecht, tolerant in Glaubensfragen und gütig war.

Diese offene und tolerante Grundhaltung in Fragen der Religion, Kultur und Politik konnte er offenbar auch nachhaltig seinen Schülern am Comenius-Gymnasium vermitteln. Jedenfalls haben sowohl meine Mutter, meine Großmutter als auch Sandy aus Arizona meinen Großonkel Erich Metz, der lange Jahre Schüler von Samuel Baeck am Comenius-Gymnasium in Leszno war, genau mit solchen Charakterzügen beschrieben. Seine Ehe mit der katholischen Klosterschülerin Anna Metz, meiner Großtante, wäre sonst bei den vielen Schicksalsschlägen, die die beiden getroffen haben, vielleicht nicht so harmonisch geblieben.

Samuel Baeck zeigte sich auch in seinen Predigten in der Synagoge, die er auf Deutsch hielt, offen gegenüber verschiedenen Formen jüdischer Frömmigkeit, so dass es nicht zu einer Spaltung der Gemeinde kam. Diese Offenheit prägte auch seine Haltung gegenüber den anderen Glaubensrichtungen in Leszno – reformierten und lutherischen Protestanten und Katholiken – und gegenüber den verschiedenen Nationalitäten – Polen und Deutschen.

Mit dem Pfarrer der reformierten protestantischen Gemeinde in Leszno: Wilhelm Bickerich (1867–1934), der an der Johanniskirche wirkte, entwickelte er freundschaftliche Beziehungen. Bickerich, der Hausbesitzer war, ließ die kinderreiche Familie Baeck, wie schon oben erwähnt, für eine sehr geringe Miete bei sich wohnen, weil er die finanziellen Nöte der vielköpfigen Familie erkannt hatte. Beide Männer verband die tolerante Geisteshaltung. Auch Bickerich setzte sich in seiner Gemeinde für die Versöhnung der Gegensätze zwischen Deutschen, Polen und Juden ein. Wie Baeck war er Gelehrter. Er veröffentlichte verschiedene theologische und historische Arbeiten über die Böhmischen Brüder, Comenius und die Geschichte der Reformation in der Provinz Posen.

Der später so berühmte Rabbiner Leo Baeck, ein Sohn von Samuel, wuchs also in Leszno in einer Atmosphäre toleranter Gelehrsamkeit auf, die seine weitere Entwicklung entschieden prägte. Durch diese Erfahrungen entwickelte Leo Baeck auch eine starke Sympathie für den reformierten Protestantismus im Unterschied zum Luthertum, das ihm zu staatsgläubig war.[90]

Umso verwunderter und auch erschrockener war ich, als ich bei meinen Untersuchungen über die Zeit nach 1939 in Leszno auf ein Dokument der »Zentralstelle der Landesjustizverwaltungen für Naziverbrechen« in Ludwigsburg stieß, das ausgerechnet einen Sohn des toleranten Pfarrers Wilhelm Bickerich, nämlich Wolfgang Bickerich, betraf. Wolfgang Bickerich, nach dem Tod seines Vaters 1934 selbst Pfarrer an der Johanniskirche, trat am 21. Oktober 1939 als einer der zwei Hauptbelastungszeugen gegen zwanzig ehrenwerte und unschuldige polnische Bürger von Leszno auf, die von der SS auf dem Schlossplatz – mitten in Leszno – nach einem wenige Minuten dauernden »Prozess« wegen angeblich deutschfeindlicher Hetze standrechtlich erschossen wurden. Dies war eines der nach dem Einmarsch der Wehrmacht in Polen damals üblichen Verbrechen der Einsatzgruppen zur Vernichtung der polnischen Elite. Marcin Rydlewicz, ein polnischer Einwohner von Leszno, sagte 1967 bei seiner Zeugenvernehmung über diese Standgerichts-»Verhandlung« folgendes aus:

»Das Gericht bestand aus drei Offizieren, die schwarze SS-Uniformen trugen. […] Alle drei Offiziere waren jung, um die dreißig Jahre. […] An der Sitzung des Gerichts nahmen in meiner Anwesenheit außer den SS-Männern noch folgende Männer teil: der Pastor Wolfgang Bickerich/Junior sowie Klupsch, an dessen Vornamen ich mich nicht mehr erinnern kann, ein Sattler aus Leszno. W. Bickerich und Klupsch gaben über jeden der Verhafteten vor dem Gericht ein Gutachten ab. Sie übten eigentlich die Funktion von Anklägern aus. Von ihrem Gutachten hing es ab, ob der betreffende Häftling zum Tode verurteilt werden sollte, zu einer Gefängnisstrafe oder begnadigt.«[91] Die beiden Zeugen sprachen die zwanzig Polen in ihren »Gutachten« schuldig.

Auf dem Schlossplatz von Leszno steht heute ein Denkmal für diese Opfer: u. a. ein Bürgermeister, ein Professor, ein Rechtsanwalt, Lehrer und

Kaufleute. Keiner der damals an diesem Verbrechen beteiligten namentlich bekannten deutschen Täter: weder die SS-Männer, noch der willige Staatsanwalt, noch die zwei willigen Belastungszeugen sind jemals in Deutschland trotz eines gerichtlichen Verfahrens in Polen im Jahre 1967 angeklagt oder verurteilt worden. Von bundesdeutschen Gerichten ist überhaupt kein einziges Mitglied der Einsatzgruppen wegen der Verbrechen in Polen 1939 verurteilt worden. Die Mär wurde aufrechterhalten, dass der Polenfeldzug ein relativ »normaler« Krieg gewesen sei. So wurden Legitimationsmuster aufrechterhalten, »[...] die den Zugang zum wahren Grauen des Jahres 1939 verstellten und noch zivilisatorische Standards vorgaukelten, als diese schon längst im Untergang begriffen waren.«[92]

Wolfgang Bickerich wurde nach 1945 wieder Pfarrer, und zwar in Stuttgart und Wuppertal-Elberfeld, wo er 1985 starb.

Für mich ist das ein Beispiel dafür, wie schnell durch eine totalitäre Propaganda und Politik selbst solche Menschen fanatisiert werden können, die im Elternhaus eine tolerante Erziehung erfahren haben.

Die Konferenz zu Leo Baeck 2010 in Leszno

Vom 27. bis 28. September 2010 veranstaltete die Judaistik-Abteilung des Bezirksmuseums von Leszno eine wissenschaftliche Konferenz unter dem Titel: »Leo Baeck (1873–1956). Der berühmteste Jude aus Leszno«. Als Redner eingeladen waren u.a. renommierte Judaistik-Professoren aus Polen, Deutschland und England, so Johannes Heil aus Heidelberg, Walter Homolka und Julius H. Schoeps aus Potsdam, Fritz Backhaus aus Frankfurt am Main und Christian Wiese aus Sussex. Es sprachen außerdem Historiker aus Leszno, Opole/Oppeln und vom Jüdisch-Historischen Institut aus Warschau. Erschienen war auch die Enkeltochter von Leo Baeck: Marianne Caecilie Dreyfus mit ihrer Familie aus den USA. Damit alle Teilnehmer den Reden folgen konnten, wurden sämtliche Beiträge in die drei Konferenzsprachen Polnisch, Deutsch und Englisch übersetzt. Ort der Konferenz war die schöne alte Synagoge von Leszno. Weil ich im August

Ehemaliges Comenius-Gymnasium, heute Oberschule Nr. 1.
Eigenes Foto von 2010

2010 längere Zeit im Staatsarchiv von Leszno über die Geschichte der Juden in der Stadt gearbeitet hatte, bekam ich auch eine Einladung.

Um der Konferenz in der Stadt mehr Publizität zu geben, hat sich auch die »Oberschule Nr. 1« mit der jüdischen Tradition von Leszno beschäftigt. Am ersten Abend fand im Gebäude des alten Königlichen Comenius-Gymnasiums eine bewegende Veranstaltung statt, in der die Schüler einen Film-Vortrag über die »vergessene jüdische Geschichte« der Stadt Leszno hielten und jiddische Lieder sangen. Sie wollten damit ein neues Kapitel im »polnischen-jüdischen Dialog« aufschlagen. Mit diesem Programm sind sie später auch in der Lesznoer Partnerstadt Suhl aufgetreten. Ein deutsch-polnisches Lehrerehepaar, das an dieser Schule unterrichtet, hat die Schüler dabei tatkräftig unterstützt. Elisabeth Andrusiuk, eine deutsche Lehrerin, die die Liebe nach Leszno verschlagen hat, und Pawel

»Juden in Leszno«, Veranstaltung der Schüler der Oberschule Nr. 1 im ehemaligen Comenius-Gymnasium. Eigenes Foto von 2010

Andrusiuk, ihren polnischen Ehemann, lernte ich auf der Konferenz als politisch engagierte und liebenswürdige Menschen kennen.

Für die Teilnehmer der Konferenz war auch der geführte Rundgang durch Leszno zu den noch vorhandenen baulichen Zeugnissen vergangenen jüdischen Lebens in der Stadt bedeutsam. So sahen wir ein Lehrhaus, die jüdische Allgemeinschule, ein jüdisches Krankenhaus und Altersheim, die ehemalige Matzebäckerei in der Baderstraße gleich neben dem Haus der Familie Metz, das jüdische Schlachthaus, das eher wie eine sehr kleine neugotische Kapelle aussieht (hier können nicht viele Tiere geschlachtet worden sein), eine jüdische Textil- und eine Pumpenfabrik. Alle Gebäude werden heute anders genutzt, da es keine Juden und keine jüdische Gemeinde mehr in Leszno gibt.

Programm
der internationalen Wissenschaftstagung
„Leo Baeck (1873 – 1956). Der berühmteste Jude aus Leszno"
27.-28. September 2010

- Ort: Bezirksmuseum in Leszno – Gebäude der ehem. Synagoge, ul. Narutowicza 31
- Organisatore: Stadt Leszno, Bezirksmuseum in Leszno, Staatliche Berufshochschule in Leszno
- meritorische Aufsicht des Jüdischen Geschichtsinstituts aus Warschau
- Tagungssprache: polnisch, deutsch

Uhrzeit	Programm
26.09.2010, Sonntag	
18.00	Konzert im Gebäude der ehem. Synagoge
27.09.2010, Montag	
9.30	(*nach Wahl*) Besichtigung von Leszno – auf den Spuren von Leo Baeck
11.00	Begrüßung der Gäste vom Präsidenten der Stadt Leszno
11.15	Auftritte der offiziellen Gäste (z.B. Außenministerium, Botschaft von Israel)
11.50	Vortrag: Rabbi Prof. Walter Homolka (Abraham Geiger Kolleg in Berlin) „Leo Baeck – Anfänge in Leszno"
12.10	Mitteilung: Dariusz Czwojdrak „Leszno und die Lesznoer Juden 1870 – 1918"
12.30	Vortrag: Prof. Dr. Julius H. Schoeps (Moses Mendelsohn Zentrum Potsdam) „Preuße in dunkler Zeit. Rabbiner Leo Baeck und die Nationalsozialisten"
12.50	Lunch
13.50	Vortrag: Prof. Dr. Christian Wiese (Centre for German-Jewish Studies, University of Sussex) „Leo Baeck: Gelehrter und Repräsentant des deutschen Judentums in Weimarer Republik und Nazi-Deutschland"
14.10	Vortrag: Prof. Dr. Johannes Heil (Hochschule für Jüdische Studien Heidelberg) „Leo Baecks Wege im Judentum – Überlegungen zu Werk und Persönlichkeit"
14.30	Vortrag: Dr. Fritz Backhaus (Jüdisches Museum, Frankfurt am Mein) „'Das Experiment des Willen zum Bösen'. Leo Baeck als Präsident der Reichsvereinigung der Juden in Deutschland (1939-1943) und als Häftling im Ghetto / Konzentrationslager Theresienstadt (1943-1945)"
14.50	Vortrag: Dr. Maciej Borkowski (Schlesisches Institut in Opole) „Leo Baeck – Vortragender und Pädagoge in Oppeln"
15.10	Diskussion und Zusammenfassung des ersten Tagungstages
15.30	Kaffee
(folgend)	Freie Zeit
17.00	Feierliche Enthüllung der Erinnerungstafel auf dem Haus, wo Leo Baeck mit Familie gewohnt hat
18.00-19.00	Projektion des Films „Juden In Leszno", Inszenierung mit Wort und Musik (Oberschule Nr. 1)

28.09.2010, Dienstag	
10.00	Mitteilung: Janusz Oszytko (Institut für Nationales Gedenken, Oppeln) „Gesundheitszustand von Rabbi Leo Baeck während seines Aufenthaltes in Oppeln 1897-1907 angesichts der erhaltenen Dokumente des Staatsarchivs in Oppeln"
10.20	Vorlesen des Vortrages von Jaroslav Klenovsky (Mähren) „Mährische Wurzeln der Familie Beck"
10.40	Pause für Besichtigung der Ausstellung und Kaffee
11.00	Vortrag: Dariusz Czwojdrak „Jüdische Abiturienten des Comenius-Gymnasiums in Leszno im 19. und 20. Jh."
11.20	Diskussion und Zusammenfassung der Konferenz
11.40	Schließung des Konferenz vom Direktor des Bezirksmuseums in Leszno
12.00	Mittagessen

Ehemaliges jüdisches Schlachthaus, erbaut Mitte des 19. Jahrhunderts in der Kostener Straße/ul. Narutowicza 47. Eigenes Foto von 2010

Für die Stadt Leszno war diese Konferenz ein bedeutendes Ereignis. So führte der Bürgermeister Tomasz Malepszy in seiner Eröffnungsrede aus: »Für das 64.000 Einwohner zählende Leszno ist es eine Ehre, dass diese Tagung unter Beteiligung von so bekannten Wissenschaftlern und Gästen gerade hier stattfindet. So hat die Stadt ein weiteres Mal die Gelegenheit, ihre Toleranz und Offenheit gegenüber anderen Religionen und Kulturen unter Beweis zu stellen, eine Tradition, die bis auf das 16. Jahrhundert zurückgeht.«[93]

Der Direktor des Bezirksmuseums Witold Omieczyński hob hervor, dass Leo Baecks Ansichten von Jugend an auf einem tiefen Humanismus beruhten und immer »gegen Totalitarismus und Lüge« gerichtet waren.[94] Von den deutschen, englischen und amerikanischen Rednern wurde ebenfalls hervorgehoben, dass Leo Baecks frühe Bemühungen, einen interreligiösen Dialog und auch eine wissenschaftliche Auseinandersetzung zwischen Juden, Christen und Muslimen in Gang zu setzen, in der Tradition von Leszno als einer Stadt der »Andersgläubigen« und »Andersdenkenden« wurzelten, auch wenn diese Traditionslinie dann durch Nationalsozialismus und Stalinismus jahrzehntelang zerstört bzw. verschüttet worden sei.

Leo Baeck, seine Ehefrau Natalie und Tochter Ruth. Aufnahmen des Paars aus der Verlobungszeit von 1898/99 und von der Tochter von 1910

Leo Baeck ging nach seinem Abitur 1891 am Comenius-Gymnasium in Leszno zur Rabbinerausbildung ans Jüdisch-Theologische Seminar in Breslau und studierte gleichzeitig Philosophie an der Universität, zuerst in Breslau, dann in Berlin, wo er promovierte. Danach war er zehn Jahre Rabbiner in einer liberalen Gemeinde in Oppeln, fünf Jahre in Düsseldorf und schließlich in Berlin. 1905 erschien sein Hauptwerk: »Das Wesen des Judentums«, eine Auseinandersetzung mit Harnacks »Das Wesen des Christentums« von 1900. Darin beschäftigt sich Baeck auch mit den jüdischen Elementen im Christentum. Er forderte, »christliche Theologen müßten sich stärker auf eine Deutung Jesu einlassen, die nicht vom Gegensatz zum Judentum lebte [...].«[95] 1912 begann er seine Arbeit als Dozent an der liberalen »Lehranstalt für die Wissenschaft des Judentums« in Berlin, die er bis zu deren Zwangsschließung durch die Nazis 1942 beibehielt.

1933 wurde er Präsident der »Reichsvereinigung der deutschen Juden«, eine ehrenamtliche Funktion. Die Juden in Deutschland schenkten ihm in der Situation der Verfolgung Vertrauen, da er die verschiedenen Strömungen von Reformern und Traditionalisten durch seine integrative

Persönlichkeit zu vereinen wusste. »Warum soll der Mensch nur eine Richtung haben?«[96], war seine schon 1898 geäußerte Überzeugung.

Auch als die Nazis 1939 aus dieser demokratisch aufgebauten Organisation die Zwangsorganisation »Reichvereinigung der Juden in Deutschland« machten, blieb er an der Spitze der Organisation, um Schlimmeres abzuwehren. Obwohl er die Möglichkeit zur Emigration hatte, blieb er trotz mehrfacher Verhaftungen in Berlin und wurde 1943 im Alter von 70 Jahren nach Theresienstadt deportiert, wo er jedoch überlebte. 1945 emigrierte er nach London. Dort versammelte er einen Kreis von liberalen Rabbinern um sich und wurde Präsident der »Weltvereinigung für progressives Judentum«. Er unterstützte auch die Initiative deutscher Juden im Exil zur Erforschung der Geschichte des deutschen Judentums. Aus dieser Initiative sind die heutigen Leo-Baeck-Institute in London, Jerusalem, New York und Berlin (als Zweigstelle von N.Y.) hervorgegangen.

Julius H. Schoeps hob in seiner Rede »Preuße in dunkler Zeit. Rabbiner Leo Baeck und die Nationalsozialisten« hervor, dass Leo Baeck seine Wertschätzung der deutschen Aufklärungsbewegung und selbst Preußens durch seine KZ-Erfahrungen nicht verlor:

»Baeck, ein bekennender Anhänger der Philosophie Kants und überzeugter Preuße, hat selbst im Konzentrationslager an seinen Überzeugungen festgehalten. Demnach bestand für ihn zwischen Preußentum und Judentum kein Widerspruch. Das NS-Regime sah er als eine deutsche ›Kultur-Nachtperiode‹ an. Die Nazis und Hitler standen für ihn nicht in der Tradition des mehr oder weniger untergegangenen Preußentums und schon gar nicht in derjenigen Kants, den er als Teil seines eigenen Erbes empfand und den er bewusst neben Hillel, Akiba, Halevi und Maimonides stellte.«[97]

Für mich persönlich wichtig waren insbesondere die durch die Konferenz gewonnenen Kontakte zu Lesznoer Bürgern: zur Assistentin des Direktors des Bezirksmuseums, Zofia K., dem Lehrerehepaar an der Oberschule Nr. 1 Elisabeth und Pawel Andrusiuk , das den Filmabend über die vergessene jüdische Geschichte von Leszno mit initiiert hatte, und zum Arzt Marcin Blaszkowski, der mir eine Kopie des Buches von Ludwig Kalisch schenkte, das eigentlich vergriffen ist und nur in der Schweiz

Leo und Natalie Baeck 1930

antiquarisch zu erwerben war. Er hat jahrelang Dokumente über die Juden von Leszno gesammelt und diese der Konferenz zur Verfügung gestellt. Unter anderem verteilte er eine selbst angefertigte polnische Übersetzung von Kalischs »Bilder aus meiner Knabenzeit« in Form einer CD an alle Konferenzteilnehmer.

Synagoge und Friedhof

Die große Synagoge ist zwar heute keine Gebetstätte mehr, aber die älteste und am besten restaurierte Synagoge in Großpolen. Sie wurde 1626 zunächst als Holzfachwerkbau errichtet. Sie brannte viermal ab: 1656, 1707, 1767 und 1790, durch Brandstiftung in Kriegszeiten oder in den schlimmen Stadtbränden, die Leszno heimsuchten. Da die Synagoge zuletzt als barocker Steinbau errichtet worden war, überlebte die bauliche Konstruktion alle weiteren kleineren Brände. Von 1903 bis 1905 wurde die Synagoge von den Breslauer jüdischen Architekten Richard und Paul Ehrlich (sie waren Brüder) umgebaut, und zwar im Stil der Wiener Sezession. Die große Bethalle bekam eine Dekormalerei mit floralen Jugendstilmotiven. Ein zentraler Turmaufbau mit Kuppel wurde errichtet. Man baute auch eine große Orgel wie in den reformierten Synagogen ein, obwohl die Lesznoer Gemeinde keine Reformgemeinde war. Diese Kombination von reformierten und traditionellen Elementen auch im Synagogenbau war eine Besonderheit der Lesznoer Gemeinde. Moderne technische Errungenschaften wie Zentralheizung und Belüftungsanlage wurden ebenfalls eingebaut.

Ich stelle das weitere Schicksal dieses Baudenkmals im Folgenden kurz dar, weil man daran den Wechsel der Zeitläufe genau ablesen kann. Bis zum Einmarsch der Wehrmacht 1939 wurde die Synagoge von der jüdischen Gemeinde genutzt. Die Nazis zerstörten zwar das Innere der Synagoge, ließen aber das Gebäude stehen.

Nach 1945, als es keine Juden mehr in Leszno gab, wurde die Synagoge zweckentfremdet in ein städtisches Bad umgebaut, was in Polen damals

Die Synagoge nach dem Umbau 1905 noch mit Turmaufbau

Deckenverzierung in der renovierten Synagoge. Eigenes Foto von 2010

leider keine Seltenheit war. 1956 wurde ein Teil des Turmes mit dem Helm entfernt. Die schlimmste Baumaßnahme war jedoch die Einziehung einer Zwischendecke in der Synagoge, um ein zweites Stockwerk zu gewinnen. Die Deckenhöhe der jetzigen beiden Etagen ist wegen der ursprünglichen monumentalen Größe der Synagoge zwar immer noch imposant, aber mit diesem Eingriff hat man den sakralen Charakter des Gebäudeinneren zerstört.

Erst nach 1989, also nach der kommunistischen Zeit, hat sich die Stadt Leszno auf den historischen und baulichen Wert dieses Gebäudes besonnen und es 1991 ins Denkmalschutzregister eintragen lassen. Seit 1993 wird die Synagoge vom Bezirksmuseum genutzt. Sie ist inzwischen außen und innen sehr sorgfältig renoviert. Die Zwischendecke hat man leider gelassen. Heute gibt es dort die Dauerausstellung der Judaistik-Abteilung des Museums, die die Geschichte der Leisznoer Juden darstellt. Im ersten Stock ist ein großer Saal für Konzerte und andere kulturelle Veranstaltungen. An den Wänden sieht man polnische Malerei aus dem 19. Jahrhundert (Landschaftsbilder und bäuerliches Leben), die dort als Dauerausstellung hängen. In diesem Saal fand auch die Konferenz über Leo Baeck statt.

Das Schicksal der Architekten Richard Ehrlich (1866–1942) und Paul Ehrlich (1870–1943), die die Synagoge 1903–05, wie oben schon erwähnt, umgebaut haben, will ich hier noch kurz darstellen. Es ist leider ein typisches jüdisches Schicksal. Die Familie meiner Großmutter hatte Kontakt zu den Brüdern Ehrlich, weil mein Großonkel Robert Riedel, der Bruder von Anna Metz und meiner Großmutter, Bauunternehmer in Breslau war und 1909 mit Paul Ehrlich als Architekten das »Elektrizitätswerk Schlesien« und die dazu gehörende Werkssiedlung in Siechnice (in deutscher Zeit: Tschechnitz) bei Breslau errichtet hat.

Richtfest 1909 vom Kraftwerk Tschechnitz mit dem Architekten Paul Ehrlich und dem Bauunternehmer Robert Riedel, Bruder von Anna Metz und Schwager von Erich Metz. Der 2. in der Reihe von links ist Paul Ehrlich, der 5. Robert Riedel.

Die Brüder Ehrlich waren in Breslau berühmte Architekten. Sie bauten nicht nur verschiedene Wohnsiedlungen und Villen, sondern auch die Stadtoper und den Saal im Konzerthaus, zwei große Warenhäuser, das jüdische Krankenhaus und eine jüdische Schule, sowie das Friedhofstor und die Gebäude auf dem jüdischen Cosel-Friedhof an der Flughafenstraße. Sie wurden beide im hohen Alter 1942 ins Ghetto Theresienstadt deportiert, wo sie umkamen.

Der jüdische Friedhof von Leszno

1626 schenkten die Grafen Rafael V. und Boguslaus Leszczyński der jüdischen Gemeinde das Gelände für einen Friedhof. Er war 2,7 ha groß. Die letzte jüdische Beerdigung fand 1939 statt, vor dem Einmarsch der deutschen Wehrmacht. Auf Befehl der Nazis wurde der Friedhof voll-

Blick auf die Synagoge in der Kostener Str. / ul. Narutowicza 1905

ständig zerstört. Die Grabsteine wurden zerstoßen und als Schotter im Straßenbau verwendet.

In den 1970er Jahren wurde eine Wohnsiedlung auf dem Friedhofsgelände errichtet. Erhalten geblieben sind jedoch das ehemalige Haus des Totengräbers und die Trauerhalle aus dem frühen 20. Jahrhundert. Beide sind inzwischen restauriert. Innerhalb und außerhalb der Trauerhalle wurden vor einiger Zeit von der Judaistikabteilung des Regionalmuseums jüdische Grabsteine gesammelt und Dokumente über die Friedhöfe in Großpolen archiviert. Die meisten Grabsteine stammen von Friedhöfen aus der Region, außerhalb von Leszno. Heute befinden sich alle Exponate in der ehemaligen Synagoge und die Trauerhalle wird jetzt als Bibliothek genutzt.

Jüdisches Alltagsleben in Leszno

In den verschiedenen Memoiren Lesznoer Juden finden sich viele Beschreibungen vom Alltag der Juden in Leszno. Einige Themen kehren über die Zeiten immer wieder, so die Haltung der Juden gegenüber ihren Frauen, die Schulbildung der Kinder, Wohltätigkeit und Armenspeisung, Vereine, Feste, die Probleme der Sabbatruhe und des koscheren Essens.

Obwohl die Familienstruktur jüdischer Familien – wie auch in der Mehrheitsgesellschaft – in dem Zeitraum, den ich hier beschreibe, patriarchal war, genossen die Frauen in den jüdischen Familien große Achtung. Interessant finde ich auch, dass es damals unter den Juden viel weniger uneheliche Kinder gab im Unterschied zu den Protestanten und Katholiken, wobei letztere die meisten unehelichen Kinder hatten. Die achtungsvolle Haltung in jüdischen Familien gerade auch gegenüber älteren Frauen schildert Ludwig Kalisch in seinen »Bildern aus meiner Knabenzeit« folgendermaßen:

»Sie wurden überhaupt mit einer unbeschreiblichen Hochachtung behandelt, nicht nur von der heranwachsenden weiblichen Generation, sondern auch von den Männern und zwar den hervorragendsten und gelehrtesten. An den Sonnabenden und Festtagen, vor einer Reise oder bei der Rückkehr von derselben drängte man sich herbei, um ihren Segen zu empfangen und sie spendeten ihn mit einer schwer zu schildernden feierlichen Sammlung. [...] Sie ließen es auch nicht bei frommen Worten bewenden, sondern übten die Wohlthätigkeit als eine heilige Pflicht und übten sie im Stillen.« [98]

In der Kindheit von Kalisch Anfang des 19. Jahrhunderts waren von den Eltern arrangierte Ehen noch üblich. Entgegen dem christlichen Vorurteil, dass die Juden nur aufs Geld schauen, spielten bei der Wahl eines Schwiegersohns oft ganz andere Gesichtspunkte eine Rolle: »Bei den Ehebündnissen wurde viel weniger auf Geld als auf guten Ruf gesehen. In eine Familie zu treten, die bedeutende Gelehrte und notorisch fromme Männer hervorgebracht, wurde für keine geringe Ehre gehalten. Die Aristokratie unter den damaligen Juden hatte ihre langen Stammbäume, und man nannte mit Stolz die Männer, die durch ihre Schriften hervorgeragt, durch Wohlthun sich ausgezeichnet, oder durch ihren Tod für den Glauben ein glänzendes Beispiel gegeben.«[99] Die Frage, die man sich heute stellt und auch schon damals gestellt hat, wieso diese arrangierten Ehen überhaupt funktionieren konnten, beantwortet er folgendermaßen: »Die Ehen werden im Himmel geschlossen, sagte man sich, und indem man den lieben Gott zum Eheprokurator machte, fügte man sich ergebungsvoll in dessen Schickung und beschwichtigte das geheime Grollen des Herzens durch das Bewußtsein gewissenhafter Pflichterfüllung.«[100] Kalisch selbst, der Revolutionär von 1848, und seine Generation lehnten sich jedoch zunehmend gegen diese Heiratssitten auf.

Ich habe schon erwähnt, dass die Juden sehr viel Wert auf die schulische Bildung ihrer Kinder legten, wobei sich die Wertschätzung religiöser Bildung in der preußischen Zeit, in der die allgemeine Schulpflicht eingeführt wurde, auch auf die weltliche schulische Bildung übertrug. So sank die Analphabetenrate im 19. Jahrhundert unter der jüdischen Bevölkerung schneller als bei den Christen.[101] Auch die Zahlen der Gymnasialschüler belegen das. Allerdings kamen in dieser Zeit fast ausschließlich Jungen in den Genuss einer höheren Schulbildung. In den Jahren 1821 bis 1920 machten insgesamt 925 Schüler am Königlichen Comenius-Gymnasium in Leszno Abitur. Davon waren 216 (22,7%) jüdische Schüler, 392 (41,1%) protestantische und 208 (21,85%) katholische Schüler.[102] Der Anteil der Juden an der Bevölkerung von Leszno nahm in dieser Zeit kontinuierlich ab, nicht aber ihr prozentualer Anteil an den Abiturienten.

»Gerade in den kleinbürgerlichen Schichten, also bei den Handwerkern und Händlern, wurden große Anstrengungen unternommen, den Kindern durch eine gute Schulbildung den Aufstieg ins deutsche Bürgertum zu ermöglichen.«[103] In der gesamten Provinz Posen betrug 1860 der Anteil jüdischer Schüler an Gymnasien 20% bei einem Bevölkerungsanteil von nur 4,5%. [104] Die meisten jüdischen Kinder besuchten aber weiterhin die jüdische Elementarschule mit dem staatlich sanktionierten weltlichen Lehrplan und gingen erst dann aufs Comenius-Gymnasium. Auch dies trug dazu bei, dass sie ihre jüdische Identität bewahren konnten.

Nach dem Abitur machten die jüdischen Abiturienten eine berufliche Ausbildung oder ein auswärtiges Hochschulstudium, da Leszno keine Universität hatte. Die meisten studierten Medizin und Jura, danach in absteigenden Zahlen: Judaistik, Philologie, Ökonomie, Ingenieurwesen und Naturwissenschaften.[105] Nach dem Studienabschluss ließen sich die meisten Lesznoer Studenten in Berlin nieder, dann in absteigender Reihenfolge in der Provinz Posen und in Schlesien.[106] 1920 gab es in Leszno den letzten jüdischen Abiturienten am Comenius-Gymnasium, weil fast alle Juden mit den christlichen Deutschen die Stadt verließen.

Die Bedeutung von Wohltätigkeit im Alltagsleben der Juden von Leszno zeigte sich auf verschiedene Weise: in der Vielzahl von karitativen Einrichtungen der Gemeinde, in der Form von privaten Wohltätigkeits-Vereinen und im Privatleben. Letzteres finde ich heute besonders interessant, weil wir heute viele karitative Pflichten an staatliche Institutionen abgegeben haben. Die individuelle Fürsorge für Kranke, Alte und Arme auch außerhalb der Familie, z.B. in der Nachbarschaft, wurde von vielen Juden als eine religiöse moralische Pflicht verstanden, bei der wohl vor allem die Frauen und in ihrem Auftrag auch die Kinder aktiv wurden. Kalisch beschreibt das für seine Zeit so:

»Verschämten Armen mußte geholfen, dürftige Kranke mußten besucht und gepflegt, Familien, denen der Tod ein Mitglied geraubt, mußte Trost gespendet werden. Die Wohltätigkeit wurde im Stillen geübt; doch betraute man nicht selten die Kinder mit der Ausführung derselben, um sie selbst an Mildthätigkeit zu gewöhnen. So wurde ich von meiner Großmutter mütterlicher Seite jeden Freitag und am Rüsttage jedes Festes mit

Victualien belastet zu mehreren alten Frauen gesendet [...] mit einem halben Huhn, einem Weißbrot und einer Geldspende.«[107] Zu den Pflichten eines frommen Juden gehörte auch die Einladung von Armen am Sabbat und an Festtagen zum Essen am Tisch der Familie.

Die jüdische Gemeinde unterhielt im 18. Jahrhundert zwei Hospitäler, die im großen Brand von 1767 vernichtet und durch ein neues großes »Kranken- und Siechenhaus« ersetzt wurden. Wohltätige Stiftungen und wohltätige Vereine kümmerten sich um die Krankenpflege, die Beerdigung armer Glaubensgenossen, die Unterstützung mittelloser Waisen, Schülerinnen und Schüler, um arme Witwen oder Töchter, die keine Mitgift bekamen, und u.a. auch um die »Förderung der Erlernung von Handwerken unter den Juden«.[108]

Das Vereinswesen, nicht nur zu Wohltätigkeitszwecken, war unter den Juden überhaupt stark entwickelt. In der Neigung zur Vereinsmeierei glichen die Juden, für mich ganz neu, sehr den christlichen Deutschen. Die Mehrheit der Juden hatte ein großes Interesse, in die deutschen mehrheitlich von Christen bevölkerten Vereine aufgenommen zu werden, was ihnen aber nicht immer gelang. Als Reaktion darauf wurden dann meist erst jüdische Vereine gegründet. In Leszno gab es u.a. einen jüdischen Frauen-, Töchter- und Geschichtsverein, eine Literatur- und eine »Harmoniegesellschaft« (was immer das auch gewesen sein mag) und die jüdische Loge B'nai B'rith (deutsch »Söhne des Bundes«). Aber es gab auch etliche Vereine, in denen Christen und Juden, Deutsche und Polen gemeinsam waren.

Wie stark die strengen Speisegesetze den Alltag der Juden, vor allem den der Hausfrauen, bestimmten, schildert Kalisch in seinen Kindheitserinnerungen sehr anschaulich.

»Der Talmud, der sich um die geringfügigsten kulinarischen Angelegenheiten kümmert und den Küchenheerd streng überwacht, machte den jüdischen Hausfrauen das Leben recht sauer, und sie schwebten in ständiger Angst, besonders an Sonnabenden. Da nämlich den Juden untersagt ist, Küchenfeuer am Sabbath zu unterhalten, so wurden die Speisen am Freitag in wohl verschlossenen Töpfen, auf denen der Name der Eigenthümer mit Kreide geschrieben war, zu den jüdischen Bäckern geschickt und am folgenden Mittag von der Magd abgeholt. Nun sahen sich aber die Töpfe sehr ähnlich; dazu kam noch, daß der Ofenruß nicht selten die mit Kreide geschriebenen Namen unleserlich machte; die Töpfe wurden daher häufig vertauscht, so daß der Arme die delicaten Speisen des Reichen bekam und dieser sich mit der dünnen Kost der Armen begnügen mußte.«[109] Die Einfühlung ins Hausfrauendasein bei der Beschreibung jüdischer Gesetzespflichten ist eine der amüsanten Besonderheiten der Memoiren des 1848er Revolutionärs Kalisch.

Zugleich ist sein Text voll liebevoller Schilderungen jüdischer Festtage, wie er sie in seiner Kindheit erlebt hat, so z.B. die Beschreibung des Laubhüttenfestes (Sukkot). Das Laubhüttenfest war ursprünglich ein Erntedankfest. Zugleich erinnert die Laubhütte daran, dass die Juden nach dem Auszug aus Ägypten in provisorischen Behausungen unter freiem Himmel gelebt haben. Mehrere Familien taten sich zusammen, um eine solche Laubhütte aus Zweigen zu errichten und sieben Tage lang gemeinsam zu speisen und zu feiern. Oder man traf sich wie in Kalischs Familie dazu in einem speziellen Laubhüttenzimmer, in dem sich das Dach öffnen ließ. »Die Decke, welche aus zwei langen Weidkörben bestand, war mit langen Ketten auf Fäden gereihter Hagebutten, mit ausgeschnittenen und versilberten Roßkastanien, mit vergoldeten Aepfeln, Nüssen und Blumenguirlanden reichlich geschmückt, und ich, dem man diese bunte Ausschmückung zu verdanken hatte, wurde von allen Seiten dafür gelobt. [...] Der achte Tag des Laubhüttenfestes ist der Freudenfeier des Gesetzes geweiht. An diesem Tage, wo die letzte Abtheilung des Pentateuchs vorgelesen wird, hatte die Synagoge ein gar frohes, lustiges Aussehen und sie wurde mit unaussprechlichem Entzücken von den Knaben besucht, denen man dort Mandeln, Rosinen und sonstiges Naschwerk zuwarf. Sämmtliche Gesetzrollen, deren die große Synagoge meiner Vaterstadt eine sehr ansehnliche Anzahl besitzt, wurden aus dem Allerheiligsten hervorgeholt und je von den angesehensten Männern der Gemeinde singend und hüpfend um die Estrade in der Mitte der Synagoge getragen.«[110]

Die ehemalige Provinz Posen wird zum »Mustergau Wartheland«

Nach dem Geheimen Zusatzabkommen zum deutsch-sowjetischen Nichtangriffspakt marschierte die Rote Armee am 23. August 1939 in Ostpolen ein und die deutsche Wehrmacht am 01. September 1939 in den Westen und Nordwesten Polens. Für Hitler und Stalin hörte damit der polnische Staat auf zu existieren. Die Nazis erklärten die okkupierten Gebiete zu den »Reichsgauen« »Wartheland« und »Danzig-Westpreußen«. Gleichzeitig wurden Schlesien und Ostpreußen durch Annektionen »erweitert«. Der östliche Teil des deutschen Besatzungsgebietes wurde zum »Generalgouvernement« erklärt. Das war eine Konstruktion der Nazis, die jenseits jeglichen Staats- und Völkerrechts lag.

Im »Reichsgau Wartheland« wurde die Woiwodschaft Großpolen (die ehemalige Provinz Posen) mit den zentralpolnischen Gebieten um Lodz, Kalisz und Kutno zusammengefasst. Auf der nachfolgenden Karte wird deutlich, welche Gebiete dieser neue »Reichsgau« ab Januar 1940 umfasste.

Zu diesem Thema sind inzwischen viele neuere Untersuchungen von deutschen Historikern erschienen, ebenso gemeinsame Untersuchungen von deutschen und polnischen Wissenschaftlern.[111]

Die Ereignisse im Warthegau 1939–1945 sind für mich nicht nur wegen meines jüdischen Verwandtschaftszweigs bedeutsam. Vielmehr hat die Verwandtschaft meines Mannes von 1940–1945 auch im »Warthegau« gelebt. Sie wurden entsprechend dem Hitler-Stalin-Pakt 1940 aus Bessarabien (das Land zwischen Kischinew/Chisinau und Odessa, das damals zu Rumänien gehörte) unter der gemeinsamen Aufsicht von SS und Roter Armee ausgesiedelt. Mein Schwiegervater wurde zuerst in Lodz und dann in (Śrem / Schrimm) als Lehrer angesiedelt. Dann wurde er Wehrmachtssoldat und starb 1944 in Russland. Die Großeltern meines Mannes und weitere Verwandte kamen auf polnische Güter, weil sie vorher Landwirte waren. Dort hatten der Sicherheitsdienst SD, SS und Polizei die Besitzer vorher vertrieben und nur einen Teil der Landarbeiter gelassen, damit sie für die neuen Herren arbeiteten.

Die Deutschen kamen mehrheitlich nicht freiwillig, sondern wären lieber in Bessarabien, in Wolhynien oder im Baltikum geblieben, wenn ihnen dort nicht unter sowjetischer Herrschaft die Deportation nach Sibirien gedroht hätte, was dann tatsächlich fast ausnahmslos allen Deutschen widerfuhr, die dort geblieben waren. Oder sie wären wenigstens ins sog. Altreich, nach Deutschland, übergesiedelt, was ihnen aber nicht gestattet wurde. Sie waren nämlich dafür vorgesehen, im Rahmen des groß angelegten sog. Volkstumsplans den Warthegau zu germanisieren, der im gleichen Zuge »judenfrei« gemacht und auch von Polen entvölkert werden sollte. Alle »rassisch Minderwertigen«, zu denen die Nazis auch die Polen zählten, wollte man zunächst ins sog. Generalgouvernement mit Krakau als Zentrum deportieren. Nach dem später ausgearbeiteten »Generalplan Ost«, der die langfristigen Ziele der Nazis enthielt, sollten perspektivisch alle slawischen Völker hinter den Ural verbannt werden, es sei denn, dass man sie als Zwangsarbeiter für die arische Rasse bräuchte.

Die Bessaraber kamen wie vor ihnen die Deutschbalten und andere ausgesiedelte Deutsche aus Osteuropa in die sprichwörtlich noch »warmen Betten« der polnischen und jüdischen Bewohner im Warthegau, die man vorher nicht über die anstehende Deportation informiert hatte, damit sie nicht fliehen oder Wertgegenstände verstecken und mitnehmen konnten. Außerdem sollten Juden und Polen bis zur letzten Minute die

Polen unter deutscher »Zivilverwaltung« im März 1940 nach der Okkupation durch die Wehrmacht 1939

Wirtschaft und das Vieh versorgen, damit keine »Engpässe« entstünden. In der Regel erfuhren die Betroffenen von ihrer Deportation erst eine Viertelstunde vorher, während das Haus bereits von Polizei und SS umstellt war. Es war ein und dieselbe Behörde, die sowohl die Deportationen der Polen und Juden als auch die Ansiedlung der sog. Volksdeutschen plante und durchexerzierte: das »Amt für Aussiedlung von Polen und Juden« bzw. die »Einwandererzentrale« in Posen und Lodz, die dem Reichführer-SS Himmler unterstellt waren.

Beim deutschen Einmarsch in Polen 1939 lebten auf dem Gebiet des späteren Warthegaus 435.000 Juden, also mehr als in Deutschland zu diesem Zeitpunkt. [112] Nach der Volkszählung von 1939 gab es im sog. Altreich nach den vielen Emigrationen nur noch 233.846 sog. Volljuden im Deutschen Reich und 84.674 »Mischlinge«. In der Stadt Leszno lebten zu dieser Zeit allerdings nur noch 200 Juden, weil sie fast alle mit den christlichen Deutschen 1920 ausgewandert waren.

Martin Rutz, der Pfarrer der Kreuzkirche in Leszno, hat 30 Jahre später einen Bericht über die getaufte Jüdin Maria Bienefeld, Mitglied der Kreuzkirchengemeinde, verfasst, in dem die Ereignisse Ende September in Leszno geschildert werden: »Der Küster berichtete, dass man in dieser Nacht, nebenan, Frau Bienefeld aus dem Bett herausgeholt und sie, nur notdürftig bekleidet, abgeführt habe. Sie sei gegenüber, in der Volksschule eingesperrt mit vielen polnischen und jüdischen Menschen. Nichts habe sie mitnehmen dürfen, man habe auch ihr Zimmer sofort verschlossen und alles sei beschlagnahmt.« [113] Der Versuch von Martin Rutz, Maria Bienefeld durch ein Gesuch beim Kreisleiter zu befreien, schlug fehl. Sie wurde kurz danach mit allen anderen deportiert.

Um den Warthegau »judenfrei« zu machen, wurden gleich nach dem Einmarsch der Wehrmacht alle jüdischen Einwohner, ihr Vermögen und auch ihre Geschäftstätigkeit registriert. Sie sollten sofort aus dem Wirtschaftsleben ausgeschlossen werden. Dazu setzte die Gestapo eigene Bevollmächtigte aus den jüdischen Gemeinden ein, die der Gestapo unterstanden und ihre Befehle ausführen mussten. Wie in Leszno erfolgten die ersten Deportationen ins Generalgouvernement meist sofort nach dem Einmarsch der Wehrmacht. Das Generalgouvernement stellte für die Nazis nicht nur den sog. Abfalleimer Polens für »nicht-germanisierungsfähige« Bevölkerungsteile dar. Wirtschaftspolitisch gesehen war es für sie ein wertvolles Beutegut. Zugleich wurde es im Zuge der Radikalisierung der Judenpolitik als ein Gebiet bestimmt, in dem die Vernichtung von Juden stattfinden sollte.

Aus dem Warthegau sollten bis Ende Februar 1940 »zunächst« 200.000 Polen und 100.000 Juden abgeschoben werden.[114] Der »Reichsstatthalter« des Warthegaus Arthur Greiser schickte mehr Deportationszüge in Richtung Generalgouvernement los, als sie der ebenfalls berüchtigte »Generalgouverneur« des Generalgouvernements, Hans Frank, in dieser Eile haben wollte. Diese Züge wurden dann im sehr kalten Winter 1940 mehrfach an der Grenze zum Generalgouvernement an- und festgehalten. Dabei erfroren viele der Deportierten, die in den Zügen tagelang eingesperrt und militärisch bewacht wurden.[115] Schon in den ersten Tagen und Wochen der Okkupation gab es viele Schikanen und Gewalttaten speziell gegen Juden wie das öffentliche Abschneiden der Bärte, Misshandlungen bis hin zum Mord, Raubzüge in »Gold- und Pelz-Aktionen«, Zerstörung von Friedhöfen, Abbrennen von Synagogen.[116]

Gleich beim Einmarsch der Wehrmacht in Polen wurden die schlimmsten Verbrechen von den sechs Einsatzgruppen (zusammengesetzt aus Gestapo, Kripo und Sicherheitsdienst) verübt, die im Rücken der Wehrmacht agierten. Wie die »Zentrale Stelle der Landesjustizverwaltungen zur Aufklärung nationalsozialistischer Verbrechen« in Ludwigsburg in jahrelanger Arbeit ermittelt hat, wurden die Fahndungslisten für den Polenfeldzug bereits ab Sommer 1939 zusammen mit in Polen lebenden Deutschen erstellt, die sich für die deutschen Nachrichtendienste im vorauseilendem Gehorsam zur Verfügung stellten.

Im »Sonderfahndungsbuch Polen« des Reichssicherungshauptamtes waren die Namen von 61.000 Polen und Juden aufgelistet, die mit Hilfe der Einsatzgruppen sofort nach dem Einmarsch in Polen gefangengenommen und ermordet werden sollten. Die Karteikarten waren gegliedert nach Personen, Orten und Institutionen. Diese Aktion erhielt den Tarnnamen »Unternehmen Tannenberg«. Ziel war es, die polnische Elite, vor allem Intellektuelle (hierunter fielen auch die jüdischen Intellektuellen), Adlige,

Offiziere, Lehrer, Geistliche, aber auch Industrielle und Kaufleute zu vernichten, damit die Polen nie wieder ihr Haupt erheben könnten.[117] Der 1939 als Regierungspräsident von Łodz eingesetzte überzeugte Nazi Friedrich Uebelhoer äußerte sich dazu folgendermaßen: »Wir sind Herrenmenschen und müssen uns wie Herrenmenschen aufführen. Der Pole ist ein Sklave und soll nur dienen. Wir müssen Eisen im Rückgrat haben und nie den Gedanken aufkommen lassen, dass Polen je wieder auferstehen könnte.«[118] Die Ermordung der 20 polnischen Bürger in Leszno im Oktober 1939 war Teil dieser Strategie. Allein im Warthegau ermordeten die Einsatzgruppen im Rahmen der sog. volkspolitischen Flurbereinigung in der kurzen Zeit von September bis Ende 1939 ca. 10.000 Zivilpersonen, in ganz Polen waren es etwa 20.000.[119]

Die Vernichtungspolitik der Nazis gegenüber den Juden im okkupierten Polen ist im heutigen Deutschland bekannt. Viel zu wenig bekannt sind die rassenpolitischen Methoden, mit denen die Nazis auch gegenüber den nicht-jüdischen Polen vorgingen. Sämtliche polnischen Betriebe einschließlich der landwirtschaftlichen Betriebe wurden mit der »Polenvermögensordnung« vom Oktober 1940 enteignet. Die Polen mussten ihre Radios, Fotoapparate, Musikinstrumente und Kunstsammlungen abgeben. »Sie durften keine Gaststätten, Kinos und Theater mehr besuchen, nicht den ersten Waggon der Straßenbahn benutzen. Sie durften nur zu bestimmten Zeiten einkaufen, aber kein Obst, Feingemüse, Kuchen, Käse, Fisch. Fahrräder durften nur für den Weg zur oder von der Arbeit benutzt werden. Die Polen mussten deutsche Uniformträger grüßen und ihnen auf dem Bürgersteig Platz machen. Es galten Sperrstunden und vor allem das ›Sonderstrafrecht für Polen‹.«[120]

In der Öffentlichkeit und in den Schulen durfte nur noch Deutsch gesprochen werden. Polen durften keine Lehrer mehr sein. Der Unterricht für polnische Kinder sollte nur noch zwei Stunden am Tag sein. Ziel der Beschulung sollte »Gehorsam gegenüber den Deutschen« und ein Wissen sein, »das auf spätere Arbeitsnutzung bestimmt ist«.[121] Gegen die katholische Kirche in Polen führten die Nazis einen Vernichtungskampf. Von 1939 bis 1945 kamen mehr als 2.000 Priester gewaltsam ums Leben, darunter fünf Bischöfe. Das waren ein Viertel aller Priester in Polen. Viele wurden erschossen oder erhängt, die meisten starben in den KZs.[122]

In der Judenpolitik des NS-Staates hat sich Arthur Greiser, der ab September 1939 Chef der Zivilverwaltung im Bezirk Posen und dann »Reichsstatthalter« für den Warthegau war, mit besonderer Härte hervorgetan. Er wird von den Historikern deshalb inzwischen als »Motor der Endlösung« bezeichnet (Kershaw)[123]. Greiser selbst sah den Warthegau als Laboratorium für die NS-Rassepolitik an und wollte aus seinem Gau einen »Mustergau« für das Regime machen.

Dies schlägt sich u.a. in folgenden Fakten nieder: In vier Deportationswellen wurden mehrere Hunderttauend Polen und Juden aus dem Warthegau vertrieben. Die Zahl der polnischen Bevölkerung im Warthegau sank bis 1942 um 861.000 Menschen.

Etwa 670.000 Polen wurden als Zwangsarbeiter zwischen 1939–1943 nach Deutschland verschleppt. Davon stammten 450.000 allein aus dem Wartheland.

Innerhalb Polens gab es dort das größte Netz von Zwangsarbeitslagern. Im Warthegau verloren 88% der Bevölkerung (Polen, Juden, Ukrainer) – mehr als in den anderen okkupierten Gebieten – ihre Staatsangehörigkeit und waren nur noch »Schutzangehörige« des Deutschen Reiches. Nur 12% kamen auf die sog. Deutsche Volksliste, die selbst wieder die »germanisierungsfähige« und »rassisch einwandfreie« Bevölkerung in vier Kategorien mit abgestuften Rechten einteilte.[124]

Im Warthegau gab es die ersten von den Nazis errichteten Ghettos, selbst in Dörfern.

In Chelmo/Kulmhof gab es ab Dezember 1941 das erste Vernichtungslager überhaupt, also noch vor den Beschlüssen der Wannseekonferenz im Januar 1942. In Chelmno wurden die nicht mehr arbeitsfähigen Juden in geschlossenen Lastwagen durch Auspuffgase getötet. Darunter waren auch meine jüdischen Verwandten aus Berlin. Das SS-Personal, das diese Tötungen durchführte, hatte diese Methode zuvor an Psychiatrie-Patienten im Rahmen der sog. Euthanasie-Aktion »erprobt«.[125] Himmler besuchte diese Stätte als Versuchungsfeld für weitere Massenmorde.

Im Warthegau wurden viele Maßnahmen gegen Juden gegenüber dem »Altreich« sofort verschärft. So wurde z.B. bei sog. Mischehen der christliche Ehepartner sofort ins KZ eingewiesen, wenn er nicht bereit war, sich von seinem jüdischen Ehepartner scheiden zu lassen.

Man hat errechnet, dass jedes 15. Opfer des Holocausts auf dem Gebiet des Warthegaus gelebt hat.[126]

Über die Deutschfreundlichkeit der Juden aus der Provinz Posen ist hier oft gesprochen worden. Umso bedrückender fand ich es, dass von den aus Berlin deportierten deutschstämmigen Juden die ursprünglich Posener Juden (nach den Berlinern) den größten Anteil ausmachten.

»Der große Anteil derer, die aus der Provinz Posen stammte, hatte auch seine Ursache darin, daß diese Provinz nach dem Ersten Weltkrieg zum größten Teil polnisch wurde. Viele dort lebende Juden hatten für Deutschland optiert, weil sie sich als Deutsche fühlten und waren nach Berlin gezogen. Sie mußten nun gut 20 Jahre später ihr Bekenntnis zu Deutschland mit dem Leben zahlen – von Deutschen umgebracht.«[127]

Anmerkungen

1 Rhaden, Till van, Juden und andere Breslauer. Die Beziehungen zwischen Juden, Protestanten und Katholiken in einer deutschen Großstadt von 1860 bis 1925, Göttingen 2000, S. 28.
2 Vgl. Rhaden, Till van, Juden, S. 161 ff.
3 Petrowskaja, Katja, Vielleicht Esther, Berlin 2014, S. 30.
4 Lewin, Louis, Geschichte der Juden in Lissa, Pinne 1904, S. 22.
5 Vgl. ebd., S. 25.
6 Vgl. ebd., S. 28–35.
7 Vgl. ebd., S. 2.
8 Ebd., S. 4.
9 Kemlein, Sophia, Die Posener Juden 1815–1848. Entwicklungsprozesse einer polnischen Judenheit unter preußischer Herrschaft, Hamburg 1997, S. 238.
10 Volkow, Shulamit, Die Verbürgerlichung der Juden in Deutschland als Paradigma, in: Dieselbe, Antisemitismus als kultureller Code, München 1990, S. 117.
11 Archiwum Panstwowe we Lesznie, Königliches Kreisgericht, Geburts-Register Lissa vom 12. October 1871, Anmeldung der Geburt eines ehelichen Kindes. Geburt von Hirsch Heinrich Metz. Der Name *Hirsch* bezieht sich auf das Alte Testament (Genesis 49,9–27), wo der Erzvater Jakob seine Söhne Juda, Naftali und Benjamin mit Löwe, Hirsch und Wolf vergleicht. (Vgl. Psalm 42,2).
12 »Jahrzeit« bedeutet in der jüdischen Religion, dass einer der nächsten Angehörigen des Toten jährlich am Todestag am Grab des Verstorbenen das Kaddisch (ein Gebet) sprechen soll. Das Kaddisch kann auch jährlich am Sabbat nach dem Todestag in der Synagoge gesprochen werden. Die Gedanken des Kaddisch ähneln dem christlichen Vater Unser.
13 Archiwum Panstwowe we Lesznie Nr. 2247, Akten des Königlichen Amtsgerichts in Lissa betreffend die Niederlegung der letztwilligen Verfügung des Kaufmanns Louis (Leyser) Metz zu Lissa. Az: V Nr. 21/02 (1902).
14 Archiwum Panstwowe we Lesznie, Akten des Königlichen Kreisgerichts in Lissa, Heiratsregister, IIIc./1858.
15 Archiwum Panstwowe we Lesznie, Akten des Königlichen Amtsgerichts in Lissa betreffend die Niederlegung der letztwilligen Verfügung des Kaufmanns Juda Sachs in Lissa, lfd. Nr. 200, 2. October 1899, Az V Nr. 41/99.
16 Archiwum Panstwowe we Lesznie, Georg Roll – Notarjusz. Nr. 747 pro 1920 des Notariatsregisters. Leszno, den 16.09.1920.

17 Archiwum Panstwowe we Lesznie, Bl. 2, Auszug aus dem Verwahrungsbuch für letztwillige Verfügungen.

18 Mail von Dr. Martin Sprungala vom 17.08.2014.

19 Lazarus, Moritz, Aus meiner Jugend. Autobiographie, hg. v. Prof. Dr. Nahida Lazarus, Frankfurt/M. 1913. Er beschreibt seine Jugend in der Provinz Posen.

20 Kalisch, Ludwig, Bilder aus meiner Knabenzeit, Leipzig 1872.

21 Siehe oben.

22 Kalisch, Bilder, S. 60.

23 Ebd., S. 67 ff.

24 Ebd., S. 219–20.

25 Vgl. Lewin, Vorwort o.S.

26 Die *Monatsschrift für Geschichte und Wissenschaft des Judentums* wurde 1851 von Zacharias Frankel, der die »positiv-historische Schule« des Judentums ins Leben rief, gegründet. Sie war das Publikationsorgan des »Jüdisch-Theologischen Seminars« in Breslau und wurde zur bedeutendsten wissenschaftlichen jüdischen Zeitschrift in Deutschland. Der letzte Jahrgang, von Leo Baeck 1939 ediert, wurde von der Gestapo beschlagnahmt und vernichtet.

27 Ebd., S. 118f.

28 Interessanterweise bezeichnet Lewin mit den türkischen Gewändern offenbar den Kaftan und mit der türkischen Musik die orientalisch beeinflusste jiddische Musik.

29 Hier ist die auch unter preußischer Herrschaft weiter existierende polnische und deutsche Grundherrschaft gemeint.

30 Ebd., S. 158–160.

31 Heimann, Heiko, Geschichte der Ostjuden, München 2008, S. 68.

32 Die Tabelle wurde von mir aus folgenden Quellen zusammengestellt:
Heppner, A. und J. Herberg, Aus Vergangenheit und Gegenwart der Juden und der jüdischen Gemeinden in den Posener Landen, Koschmin-Bromberg 1909, S. 599;
Sternel, Renate, Lissa. Maschinengeschriebenes Manuskript, o.O., o.J., S. 6;
Willigmann, Wilhelm, Rückblick auf das 19. Jahrhundert. Gegeben bei der Einlegung der Urkunden in den Turmknopf der evangelischen Kreuzkirche zu Lissa i.P. vom 2. Pastor der Gemeinde, Maschinengeschriebenes Manuskript am 9. September 1909, S. 5;
Gerundete Zahlen nach: Historia Leszna (1997), S. 188.
Vgl. Kemlein, Posener Juden, S. 58–60.

33 Vgl. Sternel, Lissa und Historia Leszna.

34 Vgl. Jacobson, Jacob, Zur Geschichte der Juden in Posen, in: Geschichte der Stadt Posen, hg. v. Gotthold Rhode, Neudettelsau 1953, S. 243.

35 Lewin, Geschichte, S. 7.

36 Ebd., S. 126.
37 Ebd., S. 127.
38 Vgl. ebd., S. 129.
39 Ebd., S. 101–102.
40 Ebd., S. 107.
41 Vgl. Kalisch, Bilder, S. 153.
42 Haumann, Heiko, Geschichte der Ostjuden, München 2008, S. 59.
43 Lewin, Geschichte, S. 23 f.
44 Vgl. ebd., S. 10–12.
45 Ebd., S. 16–17.
46 Salomon Maimons Lebensgeschichte. Von ihm selbst geschrieben und hg. von Karl Philipp Moritz. Neu hg. von Zwi Batscha, Frankfurt am Main 1984, S. 13.
47 Siehe dazu Jacobson, Geschichte, S. 251: »Das kurze Zwischenspiel des Großherzogtums Warschau brachte zunächst die staatsbürgerliche Gleichberechtigung, aber schon Ende 1808 entsprechend dem Napoleonischen Edikt dessen Aufhebung auf 10 Jahre.«
48 Aussage von Friedrich II in einer Kabinettsordre v. 16. November 1772, zit. bei Wenzel, Jüdische Bürger und kommunale Selbstverwaltung in preußischen Städten 1808–1848, Berlin 1967, S. 157.
49 Vgl. dazu den programmatischen Titel des Werkes von Christian Wilhelm Dohm, Über die bürgerliche Verbesserung der Juden, 2 Bde., Berlin 1781 und 1783.
50 Zit. nach Warschauer, Adolf, Die Erziehung der Juden in der Provinz Posen durch das Elementarschulwesen. Sonderdruck aus *ZGJD* 3 (1889), S. 4 f.
51 Kemlein, Posener Juden, S. 15.
52 Ebd., S. 49.
53 Jacobson, Geschichte, S. 250.
54 Kemlein, Posener Juden, S. 63.
55 Jacobson, Geschichte, S. 253.
56 Kemlein, Posener Juden, S. 157.
57 Ebd., S. 160–161.
58 Ebd., S. 165.
59 Ebd., S. 172.
60 Ebd., S. 171 und Jacobson, Geschichte, S. 255.
61 Haumann, Geschichte, S. 64.
62 Landrat Rankowicz in Pleschen an Oberpräsident Flottwell v. 3. Jan. 1838, zit. n. Kemlein, Posener Juden, S. 281.

63 Vgl. Toury, Jacob, Der Eintritt der Juden ins deutsche Bürgertum, in: Das Judentum in der deutschen Umwelt 1800-1850, hg. v. Liebeschütz, Hans und Arnold Paucker, Tübingen 1977, S. 232.

64 Vgl. Östreich, Cornelia, Posener Juden nach Amerika – eine Minderheit im Umbruch und ihre Auswanderung (bis 1870), Hamburg 1997, Kapitel 2, Verlauf.

65 Verfassungsurkunde für den Preußischen Staat v. 5. Dez.1848. Gedruckt in: Dokumente zur deutschen Verfassungsgeschichte, Bd.1, Nr. 163, S. 385–395.

66 Verfassungsurkunde für den Preußischen Staat v. 31. Jan.1850, Nr. 168, S. 401–414.

67 Lazarus, Moritz, Aus einer jüdischen Gemeinde vor fünfzig Jahren, in: Treu und frei. Gesammelte Reden und Vorträge über Juden und Judenthum von Prof. Dr. M. Lazarus. Leipzig 1887, S. 307.

68 Kemlein, Posener Juden, S. 167–168.

69 Gedruckt in: *Allgemeine Zeitung des Judentums* 1845/138f.

70 Vgl. dazu das Kapitel »Sozialismus, Zionismus, neue ostjüdische Identität« bei Haumann, Geschichte, S. 152–162.

71 Kemlein, Posener Juden, S. 257.

72 Ebd., S. 266.

73 Kalisch, Bilder S. 187f.

74 Ebd., S. 201.

75 Kemlein, Posener Juden, S. 255.

76 Vgl. ebd., S. 314–316.

77 *Orient* 1848/181.

78 Kemlein, Posener Juden, S. 239.

79 Vgl. Lewin, Geschichte, S. 48.

80 Ebd. S. 49f.

81 Kalisch, Bilder, S. 5.

82 Vgl. Lewin, Geschichte, S. 118.

83 Vgl. ebd., S. 95.

84 Kalisch, Bilder, S. 150.

85 Vgl. Lewin, Geschichte, S. 118.

86 Kalisch, Bilder, S. 28–29.

87 In den USA wurde Frankel, der mit seinem Programm eine Mittelstellung zwischen Reformjudentum und Orthodoxie einnahm, ab Ende des 19. Jahrhunderts zum Vorbild für die Strömung des »Conservative Judaism«. Das »Jewish Theological Seminary«, das 1886 in New York gegründet wurde, benannte man nach dem Jüdisch-Theologischem Seminar in Breslau, das Frankel maßgeblich geprägt hatte.

88 Vgl. Rahe, Thomas, Religionsreform und jüdisches Selbstbewußtsein im deutschen Judentum des 19. Jahrhunderts, in: *Menora* 1 (1990) , S. 89–121.

89 Am bekanntesten ist sein Werk »Geschichte des jüdischen Volkes und seiner Literatur«, Frankfurt a. M. 1888.

90 Vgl. dazu: Plietzsch, Susanne, Kindheit und Jugend Leo Baecks in Lissa, in: Leo Baeck 1873–1956. Aus dem Stamme der Rabbiner, hg. v. Heuberger, Georg und Fritz Backhaus, Frankfurt a. M. 2001, S. 20.

91 Aussage Marcin Rydlewicz, 1939 Einwohner von Lissa, über eine Standgerichtsverhandlung des Einsatzkommandos 1/VI v. 6.7.1967, BAL, B 162/Vorl. AR-Z 345/67, Bd. 8, Bl. 1260, in: Mallmann, Klaus; Böhler, Joachim; Matthäus, Jürgen, Einsatzgruppen in Polen, Darmstadt 2008, S. 179.

92 Ebd. S. 108.

93 Rede von Tomasz Malepszy, in: Leo Baeck (1873-1956). Najsławniejszy Żyd z Leszna, Miasto Leszno, Leszno 2010, S. 6.

94 Vgl. die Rede von Witold Omieczyński, ebd. S. 10.

95 Rede von Christian Wiese, ebd., S. 29.

96 Rede von Walter Homolka, ebd., S. 15.

97 Rede von Julius H. Schoeps, ebd., S. 26.

98 Kalisch, Bilder, S. 146–147.

99 Ebd., S. 151.

100 Ebd., S. 152.

101 Kemlein, Posener Juden, S. 140.

102 Rede von Dariusz Czwojdrak, in: Leo Baeck, S. 65.

103 Kemlein, Posener Juden, S. 139.

104 Vgl. ebd., S. 243–244.

105 Rede von Dariusz Czwojdrak, Leo Baeck, S. 68.

106 Ebd., S. 69.

107 Kalisch, Bilder, S. 157–158.

108 Vgl. dazu: Lewin, Geschichte, S. 145 und Kemlein, Posener Juden, S. 126–127.

109 Kalisch, Bilder, S. 154.

110 Ebd. S. 87–89.

111 Siehe dazu: Böhler, Jochen: Auftakt zum Vernichtungskrieg. Die Wehrmacht in Polen 1939, Frankfurt am Main 2006.
Kranz, Alexander: Reichsstatthalter Arthur Greiser und die »Zivilverwaltung« im Wartheland 1939/40, Potsdam 2010.
Alberti, Michael, Die Verfolgung und Vernichtung der Juden im Reichsgau Wartheland 1939–1945, Wiesbaden 2006.

Mlynarczyk, Jacek Andrzej; Böhler, Jochen (Hg.), Der Judenmord in den eingegliederten polnischen Gebieten 1939–1945, Osnabrück 2010.
Mallmann, Klaus Michael; Böhler, Jochen; Matthäus, Jürgen: Einsatzgruppen in Polen, Darmstadt 2008.

112 Alberti, Verfolgung, S. 3.

113 Rutz, Martin, Vor dreissig Jahren, September 1939. In Memoriam Maria Bienefeld, unveröffentl. Manuskript, o.O. 1969, S. 2.

114 Vgl. Kranz, Reichsstatthalter, S. 41 und den »Erlaß Höherer SS- und Polizeiführer Posen v. 12.11.1939: Abschiebung von Juden und Polen aus dem Reichsgau ›Warthe-Land‹«, in: Mallmann, Einsatzgruppen, S. 191. In diesem Erlass heißt es dazu: »Die Säuberung und Sicherung des Bereiches ist in allen Konsequenzen erst dann erreicht, wenn die geistig führende Schicht, die gesamte Intelligenz sowie alle politischen Elemente [...] entfernt sind.«

115 Vgl. Kranz, Reichsstatthalter, S.42 und Urban, Thomas, Der Verlust. Die Vertreibung der Deutschen und Polen im 20. Jahrhundert, München 2004, S.63–64.

116 Vgl. Mallmann, Einsatzgruppen, S. 86.

117 Vgl. Kranz, Reichsstatthalter, S. 20–21 und S. 26.

118 BArch, B 162, Prozeß gegen Arthur Greiser, S. 42.

119 Vgl. Mallmann, Einsatzgruppen, S.88 und Kranz, Reichsstatthalter, S. 20.

120 Urban, Verlust, S. 59.

121 Vgl. Hansen, Georg: Ethnische Schulpolitik im besetzten Polen. Der Mustergau Wartheland. Münster/New York 1995, S. 96.

122 Urban, Verlust, S. 62.

123 Vgl. den gleichnamigen Aufsatz: Kershaw, Jan, Arthur Greiser – Ein Motor der »Endlösung«, in: Die braune Elite II, hg. v. Ronald Smelser et al. Darmstadt 1993.

124 Vgl. Kranz, Reichsstatthalter, S. 61.

125 Vgl. Schwarz, Gudrun, Die nationalsozialistischen Lager, Frankfurt am Main 1996, S.248-250.

126 Vgl. Alberti, Verfolgung, S. 4 und Kranz, Reichsstatthalter, S. 10. In ganz Vorkriegspolen wurden von 1939–1945 ca. 1,2 Millionen Polen ausgesiedelt. In dieser Zeit starben von den 35 Millionen Polen ca. 6 Millionen, die Hälfte davon waren Juden.

127 Gedenkbuch Berlins der jüdischen Opfer des Nationalsozialismus, hg. v. der Freien Universität Berlin/Senator für kulturelle Angelegenheiten, Berlin 1995, S.1409. Die Statistik der »Herkunft der deportierten jüdischen Opfer aus Berlin«, aufgeschlüsselt nach deutschen Provinzen, zeigt, dass 35,56% aus Berlin und 14,83% ursprünglich aus der Provinz Posen kamen. S. 1418.

Bildnachweis

Umschlag vorn, Seite 32, 113, 125 Miasto Leszno / Muzeum Okręgowe w Lesznie / Państwowa Wyższa Szkoła Zawodowa im. J. A. Komeńskiego w Lesznie, Leo Baeck (1873–1956). Najsławniejszy Żyd z Leszna. Międzynarodowa konferencja naukowa. Leszno, 27–28 września 2010, Leszno 2010

Umschlag hinten Familienarchiv Michael Heppner, London

Klappe vorn und hinten, Seite 27 Kartographie: Kämmer-Kartographie Berlin

Seite 12, 13 Familienarchiv Schmidt

Seite 16 Familienarchiv Sandy Costello

Seite 26 Zentral- und Landesbibliothek Berlin. Projekt: Geraubte Bücher

Seite 30, 31 oben und unten Agencja Promocyjno – Artystyczna JAGART / Jarosław Glapiak, Leszno Dawniej i Dziś, Leszno 2008

Seite 34 Jacek Lewinski / Kamila Szymańska, Leszczyńskie impresje, Leszno 2013

Seite 36, 37, 39, 40 oben und unten, 45, 53, 56, 57, 64, 117, 118, 120, 126 eigene Fotos der Autorin von 2010

Seite 41 Archiwum Państwowe w Lesznie, Akta miasta Leszno, Signatur 2535, Seite 13

Seite 42 Archiwum Państwowe w Lesznie, Spółka Zarządzająca Skonfiskowanymi Gruntami Oddział w Lesznie, Signatur 205, Seite 6

Seite 44 Muzeum Okręgowe w Lesznie, Galeria Sztuki - dawna synagoga, Leszno 2006, Żydzi w Lesznie. Juden in Leszno, Leszno 2006

Seite 46, 47 Informacja Turystyczna, Leo Baeck 1873–1956, Leszno 2010

Seite 54, 55 Archiwum Państwowe w Lesznie, Akta miasta Leszno, Signatur 2438, Seite 4

Seite 73 Ludwig Kalisch, Buchillustration von M. Alostre 1851, in: Ludwig Kalisch, Schlagschatten. Humoristische Aufsätze. Neue Ausgabe mit einem Bildniß des Verfassers, Verlag von J. G. Wirth Sohn, Mainz 1851

Seite 121, 123 Familienarchiv Marianne C. Dreyfus

Seite 127 Familienarchiv Hartmut Riedel

Seite 128 Muzeum Okręgowe w Lesznie, Działu Zbiorów

Seite 137 Zentrum für Militärgeschichte und Sozialwissenschaften der Bundeswehr, Fachbereich Publikationen, Zeppelinstraße 127/128, 14471 Potsdam. Copyright ZMSBw 05791-05. Die Stadt Leszno wurde in der Karte hinzugefügt.

Danksagung

Die vorliegende Studie über das jüdische Leben in Lissa/Leszno wäre ohne die Unterstützung dafür engagierter Personen und Institutionen nicht möglich gewesen. Diesen möchte ich hier meinen Dank aussprechen.

Danken möchte ich dem Leesznoer Bürger Marcin Blaczkowski, der mir nicht nur wichtige Materialien zur Verfügung gestellt, sondern auch Anregungen für den Text aus polnischer Sicht gegeben hat, sowie meiner Schwester Ulla Höber, die mich bei meiner Archivrecherche im Staatsarchiv von Leszno unterstützt hat.

Zu Dank verpflichtet bin ich auch den Mitarbeitern des Staatsarchivs von Leszno, der Jüdischen Abteilung des Bezirksmuseums von Leszno und Dariusz Czwojdrak, die mir bei meiner Recherche außerordentlich behilflich waren.

Der Enkelin von Leo Baeck, Marianne C. Dreyfus, danke ich dafür, dass sie mir Fotos aus ihrem Familienarchiv zur Verfügung gestellt hat.

Renate Sternel, deren Familie aus Lissa/Leszno stammt, danke ich dafür, dass sie mir wichtige historische Dokumente zur Verfügung gestellt hat.

Weiter danke ich der Kämmer-Kartographie Berlin, dass sie mir freundlicherweise den Abdruck ihrer historischen Karten von Polen genehmigt hat.

Der Stiftung Irène Bollag-Herzinger aus Basel danke ich dafür, dass sie die Drucklegung dieses Buches großzügig finanziell unterstützt hat.